Nicola Fritze

RAUS AUS DER GRÜBELFALLE!

Wie Sie Ihre Denkgewohnheiten ändern und
Ihre Persönlichkeit gezielt weiterentwickeln

Für Matthias

Persönliche Widmung

Kein Mensch kann sich ohne sein Einverständnis wohlfühlen.
MARK TWAIN

Zwei Seelen wohnen, ach, in meiner Brust.
JOHANN WOLFGANG VON GOETHE

Inhaltsverzeichnis

Vorwort 7

Zum Hintergrund des Konzepts 11

Experiment: Lernen Sie Ihre inneren Stimmen kennen 14

Aufstehen für Liegenbleiber: Wie Sie morgens nicht mehr
aus den Federn MÜSSEN, sondern WOLLEN. 18

Präsentieren für Paniker: Wie Sie auch ohne Beamer überzeugen 26

Nein-Sagen für Ja-Sager: Wie Sie sagen, was Sie meinen 34

Jammern für Anpacker: Wie Sie sich jammernd motivieren 42

Entspannen für Rumpelstilzchen: Wie Sie auf die Wut pfeifen 50

Selbsthilfe für Selbstlose: Wie Sie gleichzeitig sich selbst und anderen helfen 58

Jogging für Couch-Potatoes:
Wie Sie Ihre guten Vorsätze wirklich umsetzen 64

Anfangen für Hinauszögerer:
Wie Sie mit Mini-Schritten Berge bezwingen 72

Anerkennung für Ignorierte: Wie Sie bei der Wahrheit bleiben 80

Mut für Verzagte: Wie Sie Ihrer Angst die Angst nehmen 86

Umziehen für Wurzelschlager: Wie Sie Veränderungen lieben lernen 93

Fakten für Fantasten: Wie Sie ohne Ihre Brille besser sehen 99

Boni nicht nur für Manager: Wie Sie sich lohnend belohnen 107

Lässigkeit für Perfektionisten: Wie Sie die beste Rede aus sich herausholen 114

Streiten für Harmoniesüchtige: Wie Sie Ihre innere Autobahn verlassen 120

Auftanken für Antriebslose: Wie Sie Ihre Lebensgeister wecken 128

Lockerbleiben für Sorgenkinder:
Wie Sie aus einem Elefanten eine Mücke machen 135

Selbstständig machen für Risikoscheue:
Wie Sie an sich glauben, indem Sie sich selbst nicht alles glauben 142

Karriere für Bescheidene: Wie Sie sich erlauben, groß rauszukommen 148

Nachfragen für Alleswisser:
Wie Sie Ihre Mitmenschen verstehen, ohne ihre Gedanken zu lesen 155

Scheitern für Gewinner:
Wie Sie sich mit Ihren Fehler anfreunden (und sich dann von
Ihnen verabschieden 162

Nichtstun für Hyperaktive:
Wie Sie auf Umwegen besser ans Ziel kommen 168

Feiern für Schüchterne:
Wie Sie auf einer Party Fremde ansprechen 174

Loslassen für Klammerer: Wie Sie Ihrer Grübelfalle entkommen 181

Entscheiden für Unschlüssige: Wie Sie zu einem Ergebnis kommen 188

Brüllen für Lämmer: Wie Sie beißen, ohne zu verletzen 199

Nachwort: Endlich frei! 204

Danksagung 207

Impressum 208

Sie haben Stimmen im Kopf

Stimmen im Kopf? Ich?? – Gerade hat sich bei Ihnen eine kritische Stimme gemeldet: »Die Fritze sagt, ich höre Stimmen. Ich bin doch nicht schizophren!« Mit Schizophrenie haben diese Stimmen auch nichts zu tun, dafür aber mit Ihrem Denken. Denn unsere Gedanken bestehen häufig aus einem Dialog verschiedener innerer Stimmen – angereichert mit Gefühlen, Körperreaktionen und inneren Bildern.

Oft empfinden wir unsere Stimmen als »Engelchen« und »Teufelchen« ENGELCHEN: »Der Kuchen schmeckt fantastisch, gönn' dir noch ein zweites Stück!« TEUFELCHEN: »Finger weg vom Kuchen, der geht direkt auf die Hüfte!«

In Redewendungen berichten wir sogar, wie wir mit uns selbst sprechen: »Ich habe versucht, mir klar zu machen … «, »Da bin ich mit mir noch im Unreinen … «, »Ich rede mir ein, dass … «, »Das Kind in mir … « oder »Ich mache mich selbst völlig fertig … «.

Insbesondere beim Grübeln über Entscheidungen hören wir Stimmen, wie: »Mach es jetzt einfach mal. Wer weiß, wann es wieder so eine Gelegenheit gibt!« oder »Ach, nein lass es lieber! Das ist zu riskant!«.

Unsere inneren Stimmen sagen, wir sollen uns mehr anstrengen oder beeilen, dass wir zu viel essen, zu wenig Sport treiben oder überarbeitet aussehen. Sie erklären, warum wir etwas aufschieben oder besser sein lassen sollten, locken uns zur Schublade mit den Süßigkeiten, halten uns auf der Couch fest, machen uns Angst, nörgeln an uns herum. Oder aber sie versuchen, uns zu beruhigen und Mut zu machen.

In diesem Buch lernen Sie Ihre inneren Stimmen besser kennen und erfahren, wie Sie Ihre inneren Dialoge steuern und so Ihre Denkgewohnheiten verändern können. Sie setzen sich mit Ihren unterschiedlichen Stimmen, deren Perspektiven und Bedürfnissen auseinander. Dadurch gewinnen Sie Einsichten in Ihre Innenwelt und finden sich im komplexen Universum der Emotionen, Gedanken, Reaktionen und Wechselwirkungen besser zurecht. So können Sie Ihre Denkgewohnheiten ändern und Ihre Persönlichkeit gezielt weiterentwickeln.

Zusammen sind Sie stark!

Normalerweise betrachten wir uns als EINE Persönlichkeit. Wenn wir uns aber genauer beobachten, erkennen wir, dass wir uns in unterschiedlichen Situationen unterschiedlich verhalten. Jeder von uns hat nicht nur ein Ich, sondern viele verschiedene Ichs. Sie sind mit einer ganzen Rasselbande unterschiedlicher Persönlichkeiten unterwegs. Und nur zusammen sind Sie stark! Ein und dieselbe Person kann sich in bestimmten Situationen wie ein ganz anderer Mensch fühlen. Wenn etwa eine Chefin den Urlaub eines Mitarbeiters nicht genehmigen kann, fühlt sie sich ganz anders, als wenn sie vor dem Vorstand die aktuellen Zahlen rechtfertigen muss oder einer Freundin mit Liebeskummer zuhört. Unsere Persönlichkeit ist ein buntes Mosaik aus verschiedenen Persönlichkeitsteilen, die unser Verhalten und unsere Beziehung zu unseren Mitmenschen beeinflussen. Diese verschiedenen inneren Teile äußern sich als innere Stimmen. Oft reden sie ungefragt auf uns ein und wir fühlen uns ihnen ausgeliefert. Sie wiederholen sich, erzeugen miese Gefühle und lassen uns Dinge tun, die wir eigentlich gar nicht wollen.

Manchmal übernimmt ein Teil in uns, der sich verletzt fühlt, das Kommando: Wir ziehen uns zurück, sprechen leiser, sind den Tränen nahe, ducken uns und geben klein bei. Unser Gegenüber bemerkt unser Verhalten und kann sich leicht durchsetzen. Hinterher ärgern wir uns über uns selbst, weil wir unseren Standpunkt nicht behauptet haben. Genau genommen hat uns der verletzte Teil daran gehindert, souverän zu bleiben.

Unsere Gefühle und Handlungen werden durch bestimmte Teile unserer Persönlichkeit ausgelöst. Das kann für andere und auch für uns selbst befremdlich sein. Zum Beispiel, wenn wir wegen einer Kleinigkeit ausrasten. Hinterher fragen wir uns, welcher Teufel uns da geritten hat und erklären unserem Gegenüber, dass wir eigentlich gar nicht so sind. Doch ein Teil in uns war genau so und hat unser Verhalten gesteuert.

Ödön von Horváth, ein österreichisch-ungarischer Schriftsteller des frühen 20. Jahrhunderts, bringt es auf den Punkt: »Eigentlich bin ich ganz anders, nur komme ich so selten dazu.« Udo Lindenberg hat daraus sogar einen Song gemacht:

Eigentlich bin ich ganz anders
ich komm' nur viel zu selten dazu
Du machst hier grad' mit einem Bekanntschaft
den ich genauso wenig kenne wie du
Ich hab' so viel' Termine
in der Disco, vor Gericht und bei der Bank
Da schick' ich einfach meine Vize-Egos
und das wahre ich bleibt lieber im Schrank
Refrain
Ich bin gar nicht der Typ,
den jeder in mir sieht
und das werd' ich euch bei Zeiten
auch alles noch beweisen
Eigentlich bin ich ganz anders
ich komm' nur viel zu selten dazu
Du machst hier grad'
mit einem Bekanntschaft
den ich ganz genauso wenig kenne wie du
Du hast bestimmt 'n falsches Bild von mir
sowas wie 'n echten Kujau
Es tut mir leid, da kann ich nix dafür
denn mein eigentliches Ich ist im Urlaub
UDO LINDENBERG: »GANZ ANDERS« (FEAT. JAN DELAY)

VORWORT

Mit Hilfe des Konzepts der unterschiedlichen Persönlichkeitsanteile können wir uns am eigenen Schopf aus dem Sumpf ziehen. Wir nehmen die Position des »inneren Beobachters« ein und distanzieren uns von dem Teil, der uns gerade Probleme bereitet. So erleben wir die Situation entspannter und bewusster. Sagt zum Beispiel jemand: »ich fühle mich unsicher, wenn ich vor vielen Menschen sprechen soll«, dann empfindet nicht seine ganze Person diese Unsicherheit, sondern nur ein Teil von ihr. Möglicherweise existiert ein anderer Teil, der solche Herausforderungen sogar mag. Oft fühlen wir uns in schwierigen Situationen schon besser, wenn wir uns bewusst machen, dass nicht wir als ganze Person ein Problem haben, sondern nur ein Teil in uns. Als wohlwollender Beobachter können wir unsere inneren Persönlichkeitsanteile beeinflussen. Genau das ist die Grundlage für bewusste Persönlichkeitsentwicklung.

Zum Hintergrund des Konzepts

Seit langer Zeit bilden Psychologen die Komplexität der menschlichen Psyche in Konzepten ab. Siegmund Freud sprach schon 1923 in seiner Psychoanalyse von den drei seelischen Instanzen »Es, Ich und Über-Ich«. In den vergangenen Jahrzehnten haben Forscher wieder verstärkt die Vorstellung von unterschiedlichen Persönlichkeitsanteilen aufgegriffen. Hervorheben möchte ich Eric Berne, der in seiner Transaktionsanalyse unterschiedliche »Ich-Zustände« analysiert Virginia Satir, die die Methode »Parts Party« entwickelte, Friedemann Schulz von Thun, der vom »inneren Team« spricht, Dr. Gunther Schmidt, der die »innere Familienkonferenz« erforscht, Richard Schwartz, der das Modell der »Internal Family Systems Therapy (IFS)« entworfen hat und den Zen-Meister Dennis Genpo Merzel Roshi, der in seinem »Big-Mind-Prozess« den inneren Selbstdialog mit der kontemplativen Tradition verbindet, in der sich der Mensch mit Ruhe und sanfter Aufmerksamkeit seinen Gedanken zuwendet.
Schon Goethes Faust klagte: »Zwei Seelen wohnen, ach, in meiner Brust.« Wären es tatsächlich nur zwei Seelen, wäre unser Leben um einiges leichter.

Wie reden Sie mit sich selbst?

In diesem Buch lesen Sie Dialoge unterschiedlicher Persönlichkeitsteile. Einige der Stimmen kommen Ihnen sicher bekannt vor, andere werden Sie neu entdecken und von manchen haben Sie vielleicht noch nie gehört. Sie erfahren, wie ein innerer Beobachter die Stimmen lenken und miteinander versöhnen kann.
Eigene Persönlichkeitsteile direkt anzusprechen, mag zunächst ungewohnt sein. Andererseits verbringen wir unser Leben mit Ihnen und sollten uns deshalb um eine gute Beziehung zu Ihnen bemühen. Im inneren Selbstdialog lernen Sie die Gefühle und Bedürfnisse eines Persönlichkeitsteils kennen. Wenn Sie als innerer Beobachter mit ihm sprechen, reagiert es ähnlich wie ein realer Mensch. Vor allem Verständnis und

Wertschätzung sind hier die Schlüssel zu einer guten Beziehung. Durch die bewusste Wahrnehmung Ihrer Persönlichkeitsteile gewinnen Sie ein Verständnis für deren Bedürfnisse, Absichten und Gefühle. Und mit diesem Wissen können Sie etwas verändern.

Es gibt viele sinnvolle Anlässe zum inneren Selbstdialog. Zum Beispiel ...

- wenn Sie eine Entscheidung treffen müssen.

- wenn Sie Probleme mit Kollegen haben.

- wenn Sie in einer scheinbar aussichtslosen Situation stecken.

- wenn Sie Ihre Ziele nicht erreichen.

- wenn Sie demotiviert sind.

- wenn Sie sich über sich selbt ärgern oder sich sogar fertig machen.

So steuern Sie Ihren inneren Selbstdialog Schritt für Schritt:

1 **Dissoziiertes Wahrnehmen:** Beobachten Sie sich von außen: Stellen Sie sich neben Ihre Gefühle oder schauen Sie aus der Vogelperspektive auf sich. Was auch immer Sie sehen: Es ist in Ordnung. Ver- oder beurteilen Sie nichts, erklären Sie nichts, rechtfertigen Sie nichts, verändern Sie nichts. Akzeptieren Sie, was gerade da ist.

2 **Selbsterkenntnis:** Richten Sie – einen gesunden Abstand wahrend – Ihre Aufmerksamkeit nach innen. Was geht in Ihnen vor? Was empfinden sie? Horchen Sie, welche Stimmen da sind und welche Gefühle sie in Ihnen erzeugen.

3 **Identifikation der Stimmen:** Ordnen Sie besonders laute Stimmen je einem inneren Persönlichkeitsteil zu. Wer in Ihnen könnte so etwas sagen? Geben Sie diesem Persönlichkeitsteil einen Namen (zum Beispiel: »Der Faulpelz«) und begrüßen Sie ihn freundlich. Identifizieren Sie noch weitere Teile? Wie heißen sie und was sagen sie?

4 **Akzeptanz und Wertschätzung:** Akzeptieren und wertschätzen Sie jeden Anteil.

Was auch immer er sagt, seine Absicht ist gut und sollte gewürdigt werden. Finden Sie also heraus, welche gute Absicht der Teil verfolgt.

5 **Bedürfnisse erfragen:** Stellen Sie aus der Perspektive eines neutralen Beobachters und Moderators den Persönlichkeitsteilen Fragen, um sie besser zu verstehen. Zum Beispiel:

- Wie fühlst du dich?
- Was lässt dich so reagieren, fühlen, denken?
- Was möchtest du durch dein Verhalten für mich sicherstellen?
- Welches Bedürfnis hast du?
- Was befürchtest du, könnte passieren?
- Welche gute Absicht hast du?
- Was möchtest du erreichen?
- Wovor möchtest du mich beschützen?
- Was möchtest du verhindern?
- Wogegen wehrst du dich?
- Wonach sehnst du dich, was brauchst du?

6 **Wahlmöglichkeiten schaffen:** Ermitteln Sie im inneren Selbstdialog Alternativen, wie die Persönlichkeitsteile ihre Bedürfnisse anders befriedigen können. Es entsteht eine Verhandlung mit allen betroffenen inneren Teilen. Sie suchen einen gemeinsamen Nenner und finden Kompromisse, Lösungen und Handlungsalternativen.

Nun aber genug der Theorie. Öffnen Sie die Tür zu Ihrer Innenwelt und seien Sie neugierig, welche Stimmen Sie dort erwarten.

EXPERIMENT:
Lernen Sie Ihre inneren Stimmen kennen

Schneiden Sie auf der nächsten Seite die Puzzleteile entlang der gestrichelten Linie so aus, dass Sie drei Streifen erhalten. Legen Sie die Puzzleteile so zusammen, dass die beiden Reiter auf je einem Pferd sitzen. Achten Sie darauf, dass die Position der Reiter natürlich aussieht. Knicken, biegen oder beschneiden einzelner Papierstreifen ist nicht nötig. Während Sie diese Aufgabe lösen, melden sich Ihre inneren Stimmen zu Wort. Hören Sie genau zu, was sie sagen!

Wenn ich dieses Experiment während meiner Vorträge durchführe, berichten die Teilnehmer von Aussagen ihrer inneren Stimmen, wie »Pah, das mache ich mit links!« oder »Oh Mann, das geht doch gar nicht!« oder »Wie könnte es gehen?« oder »Solche Geduldspiele treiben mich in den Wahnsinn!« oder »Sowas kann ich nicht.« oder »Mist, die anderen sind bestimmt schneller und schlauer als ich.« oder »Was die Fritze wieder für komische Sachen macht.«

Also, ran ans Werk! Schnappen Sie sich eine Schere, schneiden Sie die Streifen aus und legen Sie los.

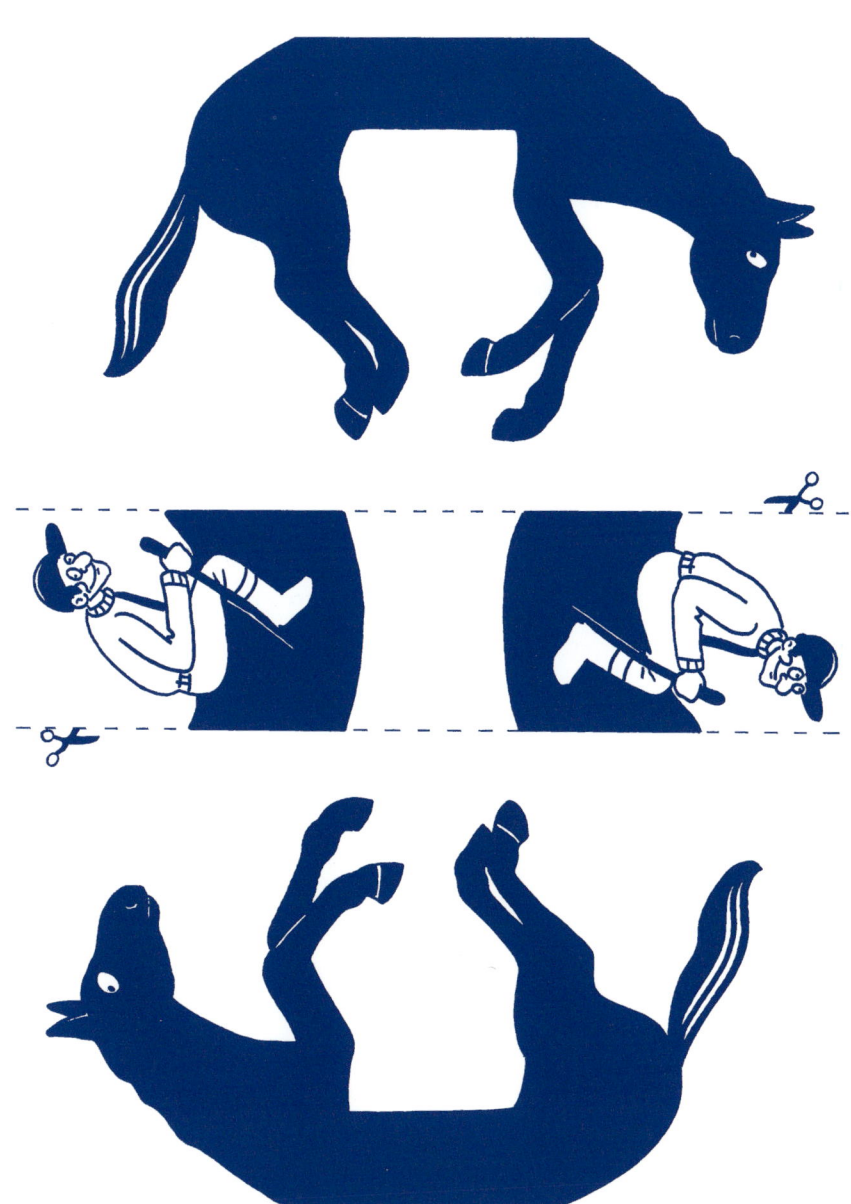

Bitte ausschneiden und puzzeln!

Haben Sie es geschafft? Oder blättern Sie schon nach der Lösung? Mit welchen Worten hat Sie Ihre innere Stimme davon überzeugt, die Schere liegen zu lassen, und sofort nach der Lösung zu suchen? Waren es Aussagen, wie »Ich schneide doch nicht im Buch rum!« oder »Das ist mir zu blöd!« oder »Nette Idee, aber ich habe gerade keinen Bock.«? Was genau haben sie gehört?
Die Lösung finden Sie übrigens auf **www.nicolafritze.de/reiter**.

Wenn Sie es geschafft haben, lauschen Sie, wie Ihre inneren Stimmen mit diesem Erfolg umgehen. Sie könnten Sätze hören, wie: »Naja, so schwer war das nicht.« Oder »Das hätte ich schneller hinkriegen können.« oder »Gut gemacht!« Was sagen Ihre Stimmen?

Ein Geduldspiel ist nur eine von vielen Situationen, in denen wir unsere Stimmen bewusst wahrnehmen und lenken können. Es macht einen Unterschied, ob ich auf eine Stimme höre, die sagt: »Das geht doch gar nicht!« oder auf eine andere, die fragt: »Wie könnte das gehen?«
Entdecken Sie nun die Vielfalt Ihrer inneren Stimmen und lernen Sie, Ihre inneren Dialoge zu steuern. Ändern Sie Ihre Denkgewohnheiten und entwickeln Sie Ihre Persönlichkeit gezielt weiter.

AUFSTEHEN FÜR LIEGENBLEIBER:

Wie Sie morgens nicht mehr aus den Federn MÜSSEN, sondern WOLLEN

◉

Montagmorgen, 06:50 Uhr, der Wecker klingelt: Zeit zum Aufstehen, die Arbeit ruft. Doch im Bett ist es so schön warm und kuschelig. Sie drehen sich noch einmal um …

Da melden sich Ihre inneren Stimmen zu Wort:

Wir müssen jetzt aufstehen.

Ach ja? Wer sagt das denn?

Na, ich sag das!

Und wer ist ich?

Ich bin **der Pflichtbewusste** und ich will jetzt aufstehen, weil wir arbeiten gehen müssen.

Müssen wir gar nicht.

Was soll das denn jetzt? Du spinnst wohl. Wer bist du überhaupt?

Ich bin **die Gemütliche** und ich lass mich nicht unter Druck setzen. Wir horchen noch 'ne Runde an der Matratze. Das haben wir uns verdient.

Das ist ja unglaublich! Wir müssen noch duschen und frühstücken. Wenn wir jetzt nicht aufstehen, kommen wir zu spät ins Büro.

Das wäre auch kein Weltuntergang.

Kein Weltuntergang? Wir müssen zuverlässig sein, damit wir unseren Job behalten und Geld verdienen.

und Geld verdienen.

Das können wir ja auch – aber später.

Wenn es nach dir ginge, würden wir nur auf dem Sofa rumlungern. Aber dann hätten wir keinen Job und müssten unter der Brücke schlafen. Da wäre es aber vorbei mit der Gemütlichkeit. Darum zum letzten Mal: Wir müssen sofort aufstehen!

Hey Leute, wer schreit hier so am frühen Morgen?

Wer bist denn Du?

Na, ich bin's, **die Fritze**. Und ich höre hier wenig hilfreiche Kommandos.

PFLICHTBEWUSSTER: Was heißt hier hilfreich? Wir müssen aufstehen.

FRITZE: Ja, und wie du siehst bleiben wir liegen. Du machst uns keine Lust, aufzustehen, sondern setzt uns unter Druck.

GEMÜTLICHE: Genau! Mit Druck geht's nicht!

PFLICHTBEWUSSTER: Ja, aber man muss doch mal klare Ansagen machen.

FRITZE: Es wird nicht besser mit deiner Sprache.

PFLICHTBEWUSSTER: Hey, ich bin auch nicht für Sprache zuständig, sondern für unsere Pflichten.

FRITZE: Ist schon klar. Du möchtest, dass wir verantwortungsbewusst und zuverlässig sind. Das ist gut. Wenn du es nur anders formulieren würdest, wäre es für uns viel angenehmer, deinen Wünschen zu folgen.

PFLICHTBEWUSSTER: Und wie wäre es euch genehm?

FRITZE: Versuch es doch mal mit »Wir WOLLEN jetzt aufstehen, damit wir noch in Ruhe frühstücken KÖNNEN.«

PFLICHTBEWUSSTE: Aha … also nicht wir MÜSSEN, sondern wir WOLLEN jetzt aufstehen?

GEMÜTLICHE: Ja, das hört sich doch ganz anders an.

FRITZE: Genau genommen MÜSSEN wir nicht zur Arbeit, wir könnten auch im Bett bleiben, wenn wir die Konsequenzen in Kauf nehmen. Wir haben die Wahl, welchen Preis wir zahlen.

PFLICHTBEWUSSTER: Ich verstehe, was du meinst, aber du musst auch verstehen, dass ich hier 'ne Menge Verantwortung habe.

FRITZE: Aaahh, schon wieder!

PFLICHTBEWUSSTE: Was denn nun?

FRITZE: Du sagtest, dass du mich verstehst, ABER, ich dich auch verstehen MUSS.

PFLICHTBEWUSSTER: Ja, und …?

FRITZE: Durch das ABER nimmst du dein Verständnis für mich gleich wieder zurück. Das ist doch schade. Und außerdem MUSS ich nichts verstehen! Du kannst mich bestenfalls um Verständnis BITTEN.

PFLICHTBEWUSSTER: Wie wäre es also genehm?

FRITZE: Hör doch den Unterschied: »Ich verstehe, was du meinst UND bitte verstehe du, dass ich eine Menge Verantwortung habe.«

PFLICHTBEWUSSTER: Klingt anders, irgendwie freundlicher …

FRITZE: Genau, denn auf diese Weise sind beide Satzteile gleich wichtig.

PFLICHTBEWUSSTER: Also kein MÜSSEN, sondern WOLLEN oder KÖNNEN und kein ABER, sondern UND. Worauf man so alles achten soll.

FRITZE: Und schon wieder …

PFLICHTBEWUSSTER: Jetzt reicht's!

FRITZE: Na gut, dann nicht.

…

PFLICHTBEWUSSTER: Hallo?

…

PFLICHTBEWUSSTER: Bist du noch da?

…

PFLICHTBEWUSSTER: Ach, komm … jetzt schmoll nicht … Na, sag schon, worauf sollte man noch achten?

FRITZE: Na, eben genau darauf. Auf das MAN.

PFLICHTBEWUSSTER: Was ist denn daran schlecht?

FRITZE: Es ist unpersönlich und unverbindlich. Wer ist denn MAN?

PFLICHTBEWUSSTER: Na, ICH!

FRITZE: Eben! Dann sag doch auch »Worauf ICH alles achten soll«.

PFLICHTBEWUSSTER: Naja …

FRITZE: Du kannst es noch netter formulieren, wenn du sagst, »Worauf ICH alles achten KANN«.

PFLICHTBEWUSSTER: Klappt das auch mit dem Mülleimer und dem Klopapier?

FRITZE: Wie meinst du das?

PFLICHTBEWUSSTER: Naja, wir hören doch öfter mal jemanden sagen: »man sollte mal den Müll rausbringen« oder »man sollte mal das Kopierpapier nachlegen.« Aber keiner macht es.

FRITZE: Du hast es erkannt. Niemand fühlt sich durch ein MAN angesprochen. Formuliere verbindlich und persönlich.

PFLICHTBEWUSSTER: Also zum Beispiel »Schatz, bringst du bitte den Müll raus.« Und »Herr Kollege, sind Sie so nett und legen bitte Papier nach?«

FRITZE: Genau so!

PFLICHTBEWUSSTER: Und das klappt immer? Ich meine, die machen dann alle immer, was ich sage?

FRITZE: Nein.

PFLICHTBEWUSSTER: Das ist typisch! Alle diese schlauen Ratschläge funktionieren nämlich nie.

FRITZE: Funktionieren ALLE Ratschläge wirklich NIE?

PFLICHTBEWUSSTER: Na gut, es gibt Ratschläge, die funktionieren und manche funktionieren nicht. Mensch, du nimmst das alles aber auch immer so genau!

FRITZE: Bitte? Hast du eben nicht zugehört?

PFLICHTBEWUSSTER: Ich meine, ... du nimmst manches sehr genau.

FRITZE: Na, geht doch.

PFLICHTBEWUSSTER: Trotzdem liegen wir immer noch im Bett!

FRITZE: Na, du weißt ja jetzt, wie es geht.

PFLICHTBEWUSSTER: Richtig. Also, wir wollen jetzt mal aufstehen, damit wir 'ne frische Dusche nehmen und eine Tasse Kaffee trinken können und dann gehen wir an die Arbeit!

GEMÜTLICHE: Also gut, los geht's!

AUF DEN PUNKT

Wegweiser aus der Grübelfalle:

Unsere inneren Dialoge sind oft von Worten und Formulierungen geprägt, die negativ wirken. Dazu gehören Begriffe, wie MÜSSEN, ABER, IMMER, ALLE, NIE.

MÜSSEN erzeugt Druck von außen – wir fühlen uns fremdbestimmt. KÖNNEN oder WOLLEN verschafft uns eine Wahlfreiheit und erzeugt ein Bedürfnis von innen. Hören Sie den Unterschied zwischen »Ich muss jetzt los.« Und »Ich will jetzt los«. Oder »Ich muss jetzt meine Mails checken.« Beziehungsweise »Ich kann jetzt meine Mails checken.« In der Sache ändert sich nichts, doch die Wirkung ist anders, denn unsere Worte erzeugen Gefühle.

Ein ABER widerruft den ersten Teil des Satzes und betont, was danach kommt. So kann diese Formulierung nette Aussagen zunichtemachen und Widerspruch provozieren. Hören Sie den Unterschied: »Unser neu-

er Kollege ist sympathisch, ABER er hat keine Zeit für ein persönliches Gespräch.« Oder »Unser neuer Kollege ist sympathisch. Schade, dass er keine Zeit für ein persönliches Gespräch hat.«
Vermeiden Sie die Variante JA, ABER. Sie bedeutet NEIN. Hören Sie den Unterschied: »Das war ein interessanter Vortrag.« »JA, ABER ziemlich lang.« Wenn Ihnen der Vortrag gefallen hat, sagen sie besser: »JA UND ziemlich lang.« Und noch ein Beispiel: »Verstehst du mich?« »JA, ABER du verstehst mich nicht!« Besser: »JA, UND verstehst du mich?«
Mit den Worten IMMER, ALLE, NIE erzeugen wir Verallgemeinerungen, die kaum der Wahrheit entsprechen und Konflikte erzeugen.

Beispiele: »Du kommst IMMER zu spät« oder »Du denkst NIE an das Protokoll«. Dieses Konfliktpotenzial vermeiden wir, wenn wir statt zu verallgemeinern bei der Wahrheit bleiben: »Du kommst oft zu spät.« Oder »Du hast nicht an das Protokoll gedacht«. In unseren inneren Dialogen demotivieren wir uns, indem wir verallgemeinern. Zum Beispiel: »Ich stell mich aber auch IMMER so blöd an.« Anders hört es sich so an: »Ich stell mich MANCHMAL blöd an.« Noch besser wäre: »Ich kann mich auch besser anstellen.«
Jedes Wort, jede Formulierung erzeugt eine Wirkung. Achten Sie darauf, mit Ihren Worten positive Wirkung zu erzeugen – im Dialog mit anderen sowie im Dialog mit sich selbst.

Noch eine Stimme:
> *Kein Mensch muss müssen.*
> GOTTHOLD EPHRAIM LESSING

PRÄSENTIEREN FÜR PANIKER:

Wie Sie auch ohne Beamer überzeugen.

Mittwochvormittag, 09:45 Uhr, kurz vor Ihrer Präsentation: Natürlich sind Sie rechtzeitig im Sitzungsraum, um die Technik zu checken. Sie erstarren: Der Beamer fehlt.

Da melden sich Ihre inneren Stimmen zu Wort:

Das darf nicht wahr sein. Wir haben den Beamer extra reserviert. Jetzt hat ihn sich ein anderer geschnappt und wir können sehen, wie wir zurechtkommen. Typisch, hier arbeiten nur Egoisten!

Hey, wer plappert denn da so negativ?

Ich bin **der Problemdenker** und ich weiß nicht weiter.

Du bist ja auch super negativ drauf! Kein Wunder, dass du in der Sackgasse steckst.

Du hast gut reden. Wer bist du überhaupt?

Ich bin **die Rosarotmalerin** und ich sage Dir: Du darfst das Problem erst gar nicht Problem nennen.

Wie denn dann? Gänseblümchen?

Nun sei nicht so trotzig. Probier's doch mal mit Herausforderung oder Chance, das klingt viel positiver … fast schon rosig.

Ich löse das Problem, indem ich es anders nenne?! Träum weiter!

Im Grunde habt Ihr beide Recht. Es gibt Probleme, genauso wie es Herausforderungen und Chancen gibt.

Aha! Vielen Dank. Wer bist du denn?

Na, ich bin's, **die Fritze**. Wie wir eine Situation bezeichnen, ist viel wichtiger, als die Tatsache, wie wir sie bewerten.

PROBLEMDENKER: Problem ist Problem. Da nutzt kein »Sei-nicht-so-negativ-Gesäusel«.

FRITZE: Da gebe ich dir Recht. Schön-Malerei von Problemen ist nutzlos. Wir sollten die Fakten ernst nehmen und beim Namen nennen. Erst durch unsere Bewertung bekommt das Wort »Problem« eine negative Bedeutung. Ursprünglich kommt es nämlich aus dem Altgriechischen und heißt: eine zum Lösen vorgelegte Aufgabe/Fragestellung. Es geht darum, sich dieser Aufgabe zu stellen.

PROBLEMDENKER: Das meine ich doch! Ein Problem ist ein Problem. Und ich muss einen Weg finden, wie ich die Situation ändern kann.

FRITZE: Ja, und nun entwickelst du schon eine hilfreiche Einstellung zu Deinem Problem. Du übernimmst die Verantwortung und suchst nach einer Lösung.

ROSAROTMALERIN: Das meine ich doch! Wir sollten positiv an die Sache rangehen.

FRITZE: Wie gesagt. Ihr habt beide Recht. Wir können ein Problem durchaus als Problem bezeichnen. Wir dürfen es nur nicht als so kritisch bewerten, dass wir uns dieser Herausforderung nicht gewachsen fühlen. Stattdessen sollten wir uns auf unsere Fähigkeiten besinnen und konstruktiv denken.

ROSAROTMALERIN: Genau. Es ist ein schönes Gefühl, wenn wir selbst eine Lösung finden. Wir fühlen uns weniger abhängig von anderen und wissen, dass wir uns auf uns selbst verlassen können. Deshalb sage ich ja, dass Probleme etwas Gutes sind!

PROBLEMDENKER: Sollen wir beim nächsten Problem vor Freude in die Hände klatschen und »Juchhu, endlich ein Problem!« rufen?

ROSAROTMALERIN: Na, das wäre doch mal was Neues!

FRITZE: Um eine Lösung zu finden, wäre diese Haltung hilfreich. Das geht aber auch ohne in die Hände klatschen und »Juchhu!«.

PROBLEMDENKER: Durch eine positive Sicht auf Probleme finden wir schneller eine Lösung?

FRITZE: Ja. Probleme fördern unsere Fähigkeiten, wie z. B. Kreativität, Flexibilität oder Geduld. Wenn wir in unserem Leben zurückblicken, haben wir uns gerade in schwierigen Situationen weiterentwickelt. Hinterher sind wir meistens der Meinung, dass wir an einem Problem gewachsen sind. Doch wir können uns genauso auch jetzt schon darauf fokussieren, inwiefern wir durch das Problem unsere Fähigkeiten erweitern können.

PROBLEMDENKER: In der Theorie klingt das ja toll. Aber wie funktioniert das. Wenn wir mitten im Problem stecken?

FRITZE: Wir fragen uns: »WAS KANN ICH IN DIESER SITUATION TRAINIEREN?«

PROBLEMDENKER: Sollten wir uns nicht besser fragen, wie wir das Problem lösen können?

FRITZE: Wenn wir gut drauf sind, können wir direkt fragen: WIE KÖNNTE ES GEHEN? Aber manchmal tauchen wir ab in einer Art Problemtrance: Unsere Gedanken kreisen nur noch um das Problem.

ROSAROTMALERIN: Ja, manchmal sitzen wir wie das Kaninchen vor der Schlange und bedauern uns!

FRITZE: Genau dann hilft es, sich diese zwei Fragen zu stellen: WAS IST DAS GUTE

AN DIESER SITUATION? Und: WELCHE FÄHIGKEITEN KANN ICH TRAINIEREN?

PROBLEMDENKER: Moment! Was ist gut daran, dass wir kurz vor meiner Präsentation ohne Beamer dastehen und was sollen wir jetzt trainieren? In 15 Minuten kommen die Kollegen und erwarten unsere Präsentation.

FRITZE: Das Gute daran ist, dass wir unser Organisationstalent einsetzen und uns so von unserem Lampenfieber ablenken können. Wir können Fähigkeiten wie Gelassenheit, Kreativität und Flexibilität trainieren.

PROBLEMDENKER: Wie lautet denn die dritte Frage?

FRITZE: WELCHE ANDEREN WEGE FÜHREN AUCH ZU DIESEM ZIEL? Dazu musst du natürlich erst wissen: Was genau ist dein Ziel?

PROBLEMDENKER: Ich will, dass wir den Kollegen meine Präsentation zeigen, ist doch klar! Da geht es um wichtige Zahlen und Fakten.

FRITZE: Und wie können wir Menschen etwas zeigen außer mit dem Beamer?

PROBLEMDENKER: Mit einem Overhead-Projektor, oder auf dem Flipchart … oder wir drucken für jeden die Präsentation aus …

FRITZE: In Anbetracht der 15 Minuten, die wir noch haben: Welche Lösung erscheint dir am sinnvollsten?

PROBLEMDENKER: Alles klar, wir drucken die Präsentation für alle aus. Letztendlich druckt sich später sowieso jeder die Folien aus. Dann können wir es gleich für alle erledigen und mit ihnen gemeinsam Seite für Seite durchgehen. Ist mal was anderes.

ROSAROTMALERIN: Na, das ist doch eine gute Idee! Ich finde du bist gar kein PROBLEMDENKER, sondern ein LÖSUNGSFINDER!

AUF DEN PUNKT

Wegweiser aus der Grübelfalle:

Unsere inneren Dialoge bestimmen unsere Einstellung gegenüber Problemen. Wer auf jene Stimmen hört, die sich selbst bedauern und die scheinbare Ausweglosigkeit betonen, findet kaum eine Lösung. Wer auf die Persönlichkeitsteile hört, die in der Situation die richtigen Fragen stellen, der wird einen Weg finden. Die einfachsten Fragen, die zu einer Lösung führen können, sind:

WIE KÖNNTE ES GEHEN?
Oder: WAS WÄRE EINE GUTE LÖSUNG?

Doch wenn unsere Gedanken nur noch um das Problem kreisen und wir uns ohnmächtig fühlen, kann es sein, dass wir darauf keine Antworten wissen. Dann sind folgende Fragen hilfreich:

WAS IST DAS GUTE AN DIESEM PROBLEM?

WELCHE FÄHIGKEITEN KANN ICH IN DIESER SITUATION TRAINIEREN?

WAS GENAU IST MEIN ZIEL UND WELCHE ANDEREN WEGE FÜHREN AUCH ZU DIESEM ZIEL?

Wir alle haben schon Probleme gelöst und Schwierigkeiten überwunden.

Wenn wir mit etwas Abstand darauf zurückblicken, erkennen wir, dass wir uns in diesen Situationen meistens persönlich weiterentwickelt haben. Wir haben dazu gelernt und sind gestärkt daraus hervorgegangen. Warum sollen wir erst zu dieser Erkenntnis gelangen, wenn wir das Problem gelöst haben? Wir können diese Sichtweise genauso gut in der Problemsituation einnehmen und daraus Zuversicht und Mut schöpfen. Besonders nützlich ist hierfür die Frage: Welche Fähigkeiten kann ich in dieser Situation trainieren? So gewinnt das Problem einen neuen Sinn: Sie richten den Fokus auf die Entwicklung Ihrer Fähigkeiten. Auf die häufigen Fragen »Warum muss mir das passieren?« oder »Warum ich?« finden Sie sofort hilfreiche Antworten, zum Beispiel: »Damit ich meine Ausdauer trainieren kann.« oder »Um mein kreatives Denken zu trainieren«.

Was Sie dank Problemen trainieren können: Geduld, Ausdauer, Gelassenheit, Aufmerksamkeit, Menschenkenntnis, Mut, Überzeugungskraft, Kreativität, Flexibilität, analytisches Denken, strategisches Denken, Organisation, Konzentration, Selbstmanagement, Intuition. Bestimmt fallen Ihnen noch andere Fähigkeiten ein, die Sie schon immer an sich verbessern wollten.

Lösungsorientiertes Denken bedeutet nicht, dass Sie nur noch von Chancen oder Herausforderungen sprechen. Ein Problem ist ein Problem. Stellen Sie sich und anderen in Problemsituationen die richtigen Fragen, um Lösungen zu finden.

Noch eine Stimme:

> *Probleme kann man niemals mit derselben Denkweise lösen, durch die sie entstanden sind.*
>
> ALBERT EINSTEIN

NEIN-SAGEN FÜR JA-SAGER:

Wie Sie sagen, was Sie meinen

◉

Donnerstagnachmittag, 15:24 Uhr, im Büro: Sie haben eine Menge um die Ohren und schieben täglich Überstunden. Nun bittet Sie auch noch ein Kollege, ihm die Organisation einer Tagung abzunehmen. Ehe Sie sich versehen, haben Sie schon wieder JA gesagt, obwohl Sie NEIN meinten.

Da melden sich Ihre inneren Stimmen zu Wort:

Ohjeeee, … das ist doch wieder typisch. Jetzt organisieren wir für unseren Kollegen die Tagung, dabei haben wir gar keine Zeit.

Selbst schuld! Das passiert uns ja nicht zum ersten Mal …

Wer bist du denn, dass du so mit mir redest?

Ich bin **der Tachelesredner** und ich sag' jetzt, was Sache ist! Wir machen alles, worum man uns bittet. Das geht nicht so weiter! Wer bist du überhaupt?

Dreimal darfst du raten … Ich bin **die Ja-Sagerin**. Aber was sollen wir denn machen? Er hat uns so sehr darum gebeten, und er steht zeitlich unter Druck.

Und wir drehen Däumchen? Wir schieben Überstunden ohne Ende und auf unserem Gesicht graben sich die Sorgenfalten ein – von unseren Augenringen ganz zu schweigen. Wir müssen uns durchsetzen, auch mal mit der Hand auf den Tisch hauen!

Also, das ist nun überhaupt nicht mein Stil. Und durch deineSchimpferei erreichst du nur, dass ich mir noch mehr Vorwürfe mache.

Sonst begreifst du es ja nie! Wie soll das denn enden, wenn wir zu allem JA sagen?

Keine Ahnung. Aber ich krieg dieses NEIN einfach nicht über die Lippen.

Stell dich nicht so an! Ganz einfach: N-E-I-N!

Und was genau meinst du mit NEIN?

Wer fragt das?

Na, ich bin's, **die Fritze**. Also?

TACHELESREDNER: Wir müssen NEIN sagen, wenn wir NEIN denken und nicht JA, obwohl wir NEIN meinen.

FRITZE: Aha. Und was genau willst du mir damit sagen?

TACHELESREDNER: Geht es nach der Ja-Sagerin, übernehmen wir alles, worum uns die Kollegen bitten. Dabei sind wir mit unseren eigenen Projekten völlig überlastet. Sie kriegt es nicht hin, dass wir NEIN sagen, wenn wir NEIN meinen.

FRITZE: Warum hältst du uns denn vom NEIN ab?

JA-SAGERIN: Ich will niemanden enttäuschen.

FRITZE: Na, das ist doch super: Wir enttäuschen niemanden.

TACHELESREDNER: Von wegen! Sie enttäuscht uns! Eigentlich würden wir gerne NEIN sagen, aber wir schaffen es nicht.

JA-SAGERIN: Besser wir enttäuschen uns, als andere.

FRITZE: Welche Konsequenzen fürchtest du denn, wenn wir jemanden enttäuschen?

JA-SAGERIN: Derjenige könnte uns nicht mehr nett und hilfsbereit finden.

FRITZE: Du glaubst also, dass wir durch das JA-Sagen Sympathien gewinnen und die Beziehung zu unseren Mitmenschen stärken?

JA-SAGERIN: Ja, genau.

TACHELESREDNER: Und dann finden uns alle nett und wir selbst gehen vor die Hunde.

FRITZE: Ist das so?

JA-SAGERIN: Naja, wir stellen unsere Sachen zurück …

FRITZE: Und warum?

JA-SAGERIN: Wenn wir Aufgaben für andere erledigen, können wir besser zeigen, was wir drauf haben.

FRITZE: Und bekommen wir dafür Anerkennung?

JA-SAGERIN: Meistens schon. Und das tut mir gut. Außerdem ist es ein gutes Gefühl, gebraucht zu werden und es ist schön, wenn die Menschen uns dankbar sind.

TACHELESREDNER: Aber wie lange sind uns die anderen noch dankbar? Irgendwann finden sie es selbstverständlich, dass wir ihre Aufgaben erledigen.

FRITZE: Das kann schon sein. Nur hinter ihrem Wunsch, JA zu sagen, steht ihr Bedürfnis nach guten Beziehungen und nach Anerkennung.

JA-SAGERIN: So habe ich das nie betrachtet. Ich hatte eher Angst, dass wir uns durchs NEIN-Sagen unbeliebt machen.

TACHELESREDNER: Ich glaube nicht, was ich hier höre. Du bestärkst doch die JA-Sagerin darin, dass wir uns nur für andere aufreiben, statt an uns selbst zu denken. Das kann doch nicht gut sein.

FRITZE: Sie achtet sogar sehr genau auf ihre Bedürfnisse. Und wir befriedigen sie, indem wir alle Bitten annehmen. Wie wäre es, liebe JA-Sagerin, wenn wir NEIN sagen und gleichzeitig deineBedürfnisse befriedigen könnten?

JA-SAGERIN: Das wäre toll!

FRITZE: Wie könnten wir diese Bedürfnisse denn noch befriedigen?

JA-SAGERIN: Wir könnten unsere zwischenmenschlichen Beziehungen stärken, indem wir uns für unsere Mitmenschen interessieren und mit Ihnen gute, persönliche Gespräche führen. Und wenn wir mehr Zeit für unsere eigenen Projekte haben, können wir diese besser bearbeiten und damit zeigen, was wir drauf haben. Dann bekommen wir auch Anerkennung.

FRITZE: Na, das sind doch schon gute Ideen.

TACHELESREDNER: Und du meinst, jetzt ist alles in Butter? Nach dem Motto: »Ich nehme Ihnen diese Arbeit nicht ab, aber erzählen Sie doch mal, wie Ihr Wochenende war.« Ich lach mich schlapp.

FRITZE: Nein, natürlich muss die Situation dazu passen. Es geht darum, dass wir die Bedürfnisse der Ja-Sagerin anders befriedigen.

JA-SAGERIN: Und wie genau sagen wir das nächste Mal NEIN zu einer Bitte, ohne den anderen zu enttäuschen?

FRITZE: Zunächst brauchen wir etwas Zeit. Wir sagen demjenigen, dass wir gerne unseren Terminkalender prüfen und in fünf Minuten Bescheid geben. Dann gehen wir in uns und wägen genau ab: Welchen »Preis« sind wir bereit zu zahlen? Sagen wir NEIN, enttäuschen wir womöglich unseren Kollegen und verzichten auf Anerkennung. Sagen wir JA geraten wir mit unseren eigenen Projekten unter Zeitdruck und müssen Überstunden leisten. Diese Preise müssen wir abwägen und dann eine Entscheidung treffen, hinter der wir stehen.

JA-SAGERIN: Das ist ja schön und gut. Nur bisher haben wir uns immer für den Preis des Schuftens entschieden, um niemanden zu enttäuschen. Wir bekommen das NEIN nicht über die Lippen.

FRITZE: Das ist doch auch erst der erste Schritt. Wenn wir NEIN sagen wollen, haben wir drei Möglichkeiten, die wir in Betracht ziehen können, ohne die Beziehung zum anderen zu gefährden.

JA-SAGERIN: Na, jetzt bin ich gespannt.

FRITZE: Erstens: Wir begründen unser NEIN.

JA-SAGERIN: Also zum Beispiel: »Ich kann die Tagung nicht organisieren, weil ich in den nächsten zwei Wochen das Projekt X beenden muss.« So?

FRITZE: Genau. Zweitens: Wir sagen JA, stellen jedoch Bedingungen.

JA-SAGERIN: So was, wie: »Ich übernehme die Organisation, wenn Sie mich von meinem Projekt freistellen oder den Abgabetermin nach hinten verlegen«?

FRITZE: Ja, zum Beispiel. Oder: »Ich übernehme die Organisation, wenn Sie mir einen Mitarbeiter unterstützend zur Seite stellen.« Und die dritte Möglichkeit: Wir geben Teilzusagen.

JA-SAGERIN: Okay, also wir erklären uns bereit, nur das Programm zu entwerfen und für die Location-Suche ist jemand anderes verantwortlich?

FRITZE: Genau. Wir können uns immer bewusst machen, dass wir die Wahl JA und NEIN haben und sollten so handeln, dass wir uns dabei gut fühlen.

TACHELESREDNER: Also, dann ist nun alles klar. Können wir jetzt endlich NEIN sagen?

JA-SAGERIN: Unter einer Bedingung; du akzeptierst auch, wenn wir JA sagen.

TACHELESREDNER: Schon klar. Tipp Nummer zwei: JA sagen und Bedingung stellen.

JA-SAGERIN: Dann sind wir uns jetzt einig.

AUF DEN PUNKT

Wegweiser aus der Grübelfalle:

Wenn wir JA zu etwas sagen, obwohl wir NEIN meinen, kosten uns unsere inneren Dialoge oft viel Kraft und Zeit. Wir sind wütend auf uns selbst, fühlen uns schwach, vielleicht sogar ausgenutzt und schwören uns, dass das nie wieder vorkommen wird. Beim nächsten Mal hören wir uns wieder JA sagen und sind noch frustrierter.

Doch auch für chronische Ja-Sager gibt es Heilungschancen. Fragen Sie zunächst, welche Bedürfnisse hinter dem JA stehen. Zum Beispiel ein Wunsch nach Sicherheit: Indem er keine Bitten ausschlägt, will sich der Ja-Sager in seiner Firma unentbehrlich machen und so seinen Arbeitsplatz sichern.

Oder es handelt sich um ein Bedürfnis nach einer guten zwischenmenschlichen Beziehung: Der Ja-Sager möchte seinem Gegenüber einen Gefallen tun, dadurch Sympathie gewinnen und die Beziehung stärken.

Vielleicht ist es ein Bedürfnis nach Anerkennung: Dafür, dass der Ja-Sager anderen etwas abnimmt, bekommt er Dank.

Oder er fühlt sich wegen seiner Expertise verpflichtet und hilft seinen Kollegen etwa stets mit Computer-Problemen, weil er technisch begabt ist. Dadurch aber verliert er seine eigenen Aufgaben aus den Augen.

Nachdem sie Ihr Bedürfnis hinter dem JA-Sagen erkannt haben, überlegen Sie, wie Sie diese Bedürfnisse noch befriedigen könnten. So nehmen Sie sich den ersten Druck. Anschließend verschaffen Sie sich etwas Zeit für die Entscheidung und horchen in sich hinein, ob Sie die Aufgabe übernehmen wollen und können.

Der Weg aus der JA-Falle im Überblick:

1 Welches Bedürfnis steht hinter Ihrem JA?

2 Welche Alternativen gibt es, um dieses Bedürfnis auch zu befriedigen?

3 Verschaffen Sie sich Zeit, um zu überprüfen, ob Sie die Aufgabe übernehmen wollen und können oder nicht. Dann …

4 NEIN sagen und begründen. Oder …

5 JA sagen und dazu eine Bedingung stellen. Oder …

6 JA sagen zu einem Teil der Aufgabe.

Noch eine Stimme:

> *Was ich verwundert immer sah:*
> *Die Menschen sagen fröhlich ‚ja'*
> *und meistens ernst verbissen ‚nein'.*
> *Das sehe ich durchaus nicht ein.*
> *Wer sicher ist, kann es doch wagen,*
> *auch freundlich lächelnd ‚nein' zu sagen.*

KARL-HEINZ SÖHLER

JAMMERN FÜR ANPACKER:

Wie Sie sich jammernd motivieren

◉

Dienstagabend, 20:05 Uhr, Sie sitzen noch immer im Büro: Dabei wollten Sie endlich mal wieder ins Fitness-Studio. Sie fühlen sich von der Firma ausgenutzt – und überhaupt: Das Leben ist nicht fair, alle haben sich gegen Sie verschworen.

Und schon melden sich Ihre inneren Stimmen zu Wort:

Verdammt, diese Überstunden! Immer sind wir der Letzte und die lieben Kollegen sitzen schon zu Hause. Als Dank bekommen wir nicht mal einen feuchten Händedruck.

Hey, du **Jammerlappen**, jetzt hör mal auf, dich selbst zu bedauern! Sei froh, dass wir überhaupt einen Job haben!

Wer bist du denn?

Ich bin **der Beschwichtiger**.

Du hast hast ja keine Ahnung. Neuerdings drücken die uns auch noch Aufgaben rein, die gar nicht in unserer Verantwortung liegen. Und dann sitzen wir wieder bis 21 Uhr hier. Wozu zahlen wir überhaupt Gebühren fürs Fitness-Studio? Wir werden immer fetter.

Also hör mal, so fett sind wir wirklich nicht.

Schau hier: Fettpolster! Ein Doppelkinn haben wir auch schon.

Du übertreibst! Andere in unserem Alter sind viel fetter.

Oder viel schlanker und sportlicher.

Deine Jammerei ist grausam! Reiß dich zusammen und denk positiv! Uns geht es doch prima! Wir haben einen Job, ein Dach über dem Kopf, genug zu essen, wir sind gesund, wir …

Ist ja gut! Du weißt alles besser, genau wie die anderen. Keiner nimmt mich und meine Probleme ernst. Dabei geht es mir wirklich bescheiden! Du glaubst, ich lege jetzt einfach den Schalter um und alles ist gut? So einfach ist das nicht!

Vielleicht hilft Jammern ja auch manchmal weiter …

Wie bitte? Wer verbreitet denn solche Gerüchte?

Na, ich bin's, **die Fritze**. Wie hilft dir denn das Wehklagen, lieber Jammerlappen?

JAMMERLAPPEN: Mir tut es eben gut, wenn wir auch mal 'ne Runde jammern können.

BESCHWICHTIGER: Seltsame Art, sich was Gutes zu tun …

FRITZE: Irgendein Bedürfnis wird er mit dem Jammern schon befriedigen. Was bringt dir das Jammern?

JAMMERLAPPEN: Mmmh, darüber habe ich noch nie nachgedacht.

FRITZE: Dann wird's Zeit.

JAMMERLAPPEN: Wenn wir jammern, schenken uns die anderen Aufmerksamkeit und trösten uns. Das tut gut. Manchmal jammern wir auch gemeinsam. Irgendwie bringt uns das näher zusammen. Und wenn wir hören, wie schlecht es manch anderem geht, sehen wir unsere Lage weniger dramatisch. Außerdem ist Jammern viel leichter, als sich auf die positiven Seiten des Lebens zu konzentrieren.

BESCHWICHTIGER: Positiv denken kostet am Anfang Konzentration und Willenskraft, aber dafür sieht die Welt gleich viel bunter aus! Mit Deiner Jammerei werden wir zum Opfer und vergessen, dass wir aktiv etwas ändern können.

FRITZE: Ich kann Euch beide verstehen.

BESCHWICHTIGER: Du willst den Jammerlappen doch nicht etwa im Jammern bestärken?!

FRITZE: Im Jammern steckt auch eine große Portion Veränderungsmotivation: Wir möchten, dass sich etwas ändert, damit es uns besser geht. Jammern kann Energie freisetzen.

BESCHWICHTIGER: Dann hätte das Jammern wenigstens einen Sinn.

JAMMERLAPPEN: Siehste!

FRITZE: Wichtig ist vor allem, dass wir uns bewusst machen, warum wir jammern und was wir ändern können, damit wir nicht mehr jammern müssen. Hast du eine Idee?

JAMMERLAPPEN: Wir könnten wenigstens zwei Mal in der Woche pünktlich Feierabend machen und ins Fitness-Studio gehen.

FRITZE: Das wäre ja mal ein Anfang. Und schon hat sich das Jammern gelohnt. Nutzen wir unseren Frust, um etwas zu ändern! Jammern um des Jammerns willen bringt uns nicht weiter.

JAMMERLAPPEN: Doch! Manchmal tut es gut, sich selbst zu bedauern und über das Leben zu klagen.

FRITZE: Na dann, jammer ordentlich drauflos. Beklag dich über jede Kleinigkeit! Am besten übertreibst du dabei maßlos. Fühl dich als Opfer des Universums.

BESCHWICHTIGER: Ich bin von Schwachsinnigen umgeben!

FRITZE: Ich mein's Ernst. Doch für dieses Extrem-Jammern gibt es drei wichtige

Bedingungen: 1. Du darfst keine Beschwerde wiederholen. 2. Du darfst niemandem schaden. Irgendwann fällt dir nichts mehr ein, und dann folgt 3. Tu dir sofort etwas Gutes.

JAMMERLAPPEN: Klingt super! Endlich hemmungslos jammern!

FRITZE: Wenn es dir gut tut, nur zu! Manchmal müssen wir uns auf die Schattenseite stellen, um danach wieder das Licht sehen zu können. Besser wir erlauben uns das Jammern begrenzt, als dass wir uns deswegen auch noch Vorwürfe machen.

BESCHWICHTIGER: Also so richtig klar ist mir das noch nicht mit diesem Extrem-Jammern.

JAMMERLAPPEN: Kostprobe gefällig?

FRITZE: Na dann mal los!

JAMMERLAPPEN: Wir schieben Überstunden ohne Ende und sind der Einzige in diesem Saftladen, der anständige Arbeit leistet. Aber keiner dankt es uns. Der Chef schimpft über die schlechten Ergebnisse. Die Kunden haben miese Laune und verlangen immer mehr Zusatzleistungen. Unsere Freunde kennen uns bald nicht mehr, weil wir alle Verabredungen absagen. Zum Sport schaffen wir es auch nicht, weshalb wir immer fetter werden. Wir werden nie eine Partnerin finden, denn wir sind unattraktiv. Uns fallen schon die Haare aus. Außerdem sind die netten Frauen sowieso alle vergeben. Auf der Party neulich hat uns so ein Typ die letzte nette Frau vor der Nase weggeschnappt. Dabei haben wir sie zuerst kennen gelernt. Aber dann hat er sie in seinem Sportwagen nach Hause gefahren. Frauen stehen eben doch nur auf Statussymbole und dicke Portemonnaies. Und wir sind wieder allein in unser Apartment. Andere in unserem Alter haben schon längst ein eigenes Haus. Wir haben dafür eine Nachbarin, die sich über unsere schmutzige Fußmatte beschwert. Ist aber auch 'ne spießige Gegend, in der wir da wohnen. Und völlig überteuert. Eine Unverschämtheit, was wir an Miete zahlen. Wer soll sich das Leben überhaupt noch leisten können? Alles wird teurer! Aber an eine Gehaltserhöhung ist ja nicht zu denken in diesem Saftladen. Dabei sind wir der Einzige, der hier anständig arbeitet …

FRITZE: Stop! Keine Wiederholungen! Jetzt fängst du von vorne an.

JAMMERLAPPEN: Ach so, hm …

FRITZE: Fällt dir noch mehr ein?

JAMMERLAPPEN: Äh … im Moment nicht.

BESCHWICHTIGER: Das reicht ja auch!

FRITZE: Und wie geht's dir jetzt, Jammerlappen?

JAMMERLAPPEN: Ich fühle mich leergejammert. Ein gutes Gefühl!

FRITZE: Wenn du magst, schreiben wir alle Jammerpunkte auf, dann verhindern wir, dass wir uns wiederholen.

JAMMERLAPPEN: Eine Jammerliste?

FRITZE: Ja, und es kann amüsant sein, nach einem Jahr draufzuschauen. Mancher Jammer löst sich nämlich von allein in Luft auf.

BESCHWICHTIGER: Die Veränderungsmotivation des Jammerns nutzen – damit kann ich leben.

JAMMERLAPPEN: Ich auch. Jetzt aber los, dann schaffen wir's noch ins Fitness-Studio.

AUF DEN PUNKT

Wegweiser aus der Grübelfalle:

»Komm, reiß dich zusammen, so schlimm ist das doch alles nicht!« Solche gut gemeinten Worte helfen Ihnen selten, wenn Sie im Jammertal stecken. Ein erster Schritt heraus besteht darin, das eigene Jammern bewusst wahrzunehmen. Sobald Sie sich über etwas bewusst sind, können Sie es steuern. Nun stehen Ihnen verschiedene Wege aus dem Jammertal offen:

1. Sie entscheiden sich dafür, sich auf die positiven Aspekte Ihres Lebens zu fokussieren. Denken Sie auch an Kleinigkeiten, die Sie für selbstverständlich halten. Am besten schreiben Sie diese positiven Aspekte auf ein Blatt Papier.

2. Sie konzentrieren sich auf die Veränderungsmotivation hinter Ihrem Jammern. Überlegen Sie, was Sie jetzt in diesem Moment tun können, damit es Ihnen etwas besser geht.

3. Sie jammern so lange, bis Ihnen nichts mehr einfällt. Dabei darf sich kein Punkt wiederholen (auch hier hilft eine schriftliche Liste). Fällt Ihnen nichts mehr ein, haben Sie sich leergejammert. Überlegen Sie nun, was Sie tun können, damit es Ihnen schnell besser geht. Gut möglich, dass Sie beim Jammern schon über Ihre Jammerattacke schmunzeln.

Verurteilen Sie sich nicht fürs Jammern. Erkennen Sie, dass sich hinter jedem Jammern ein Bedürfnis verbirgt. Konzentrieren Sie sich auf dieses Bedürfnis, dann finden Sie schnell einen Ausweg.

Noch eine Stimme:
> *Den Fortschritt verdanken wir den Nörglern. Zufriedene Menschen wünschen keine Veränderungen.*
>
> H. G. WELLS

ENTSPANNEN FÜR RUMPELSTILZCHEN:

Wie Sie auf die Wut pfeifen

◉

Samstagvormittag, 11:40 Uhr, im Auto: Sie drehen seit 20 Minuten Ihre Runden auf der Suche nach einem Parkplatz. Endlich: Eine Lücke! Sie setzen den Blinker und schlagen den Lenker ein. Plötzlich schnappt Ihnen dieser Sportwagenfahrer den Platz vor der Nase weg ...

Da melden sich Ihre inneren Stimmen zu Wort:

Wozu blinken wir denn! Na warte, Kerlchen. Mit dir rupfen wir jetzt ein Hühnchen.

Langsam! Du ärgerst dich grün und blau nur wegen eines Parkplatzes?

Ich sehe rot!

Grün, Blau oder Rot – es bringt jedenfalls gar nichts, wenn wir ihn jetzt zusammenstauchen und anbrüllen. Beruhig dich erst mal, dann reden wir vernünftig mit ihm!

Wie kommst du mir denn jetzt? Wer bist du überhaupt?

Ich bin **die Wogenglätterin** und ...

Halt die Klappe, Softi ...

Das hat nichts mit Softi zu tun!

Mir doch egal! Wir machen den Kerl jetzt 'nen Kopf kleiner. Glätte deine Wogen woanders, du Krummgurke!

Mir scheint, du bist sehr wütend und ...

Komischer Zufall: Man nennt mich **den Wüterich**!

Der Zyniker wäre passender.

Jedenfalls übernehme ich diesen Fall hier: So, du Flachlandgorilla, jetzt bist du fällig!

...

So eine Abgaslaus! Macht sich einfach aus dem Staub!

Wie ich sagte: So ist es zwecklos. Außerdem steht unser Auto in zweiter Reihe. Wir sollten wieder einsteigen und weiterfahren.

Am liebsten würde ich ihm noch eine reinhauen in sein dämliches Blockflötengesicht.

Um Himmels Willen! Das ist doch nun wirklich unter unserem Niveau!

Je mehr du den Wüterich beruhigen willst, desto wütender wird er.

So so, wen haben wir denn da?

Na, ich bin's, **die Fritze.** Hey, Wüterich! Was genau bezweckst du mit Deinem Verhalten?

WÜTERICH: Ich kämpfe für unser Recht und zeige dem Wurzelsepp, dass wir uns das nicht gefallen lassen!

FRITZE: Du fühlst dich persönlich angegriffen, weil er uns den Parkplatz weggeschnappt hat?

WÜTERICH: Klar, der denkt, mit uns kann er das machen! Aber da irrt sich dieser Blödbär.

FRITZE: Dein Selbstwertgefühl ist verletzt. Mit Deiner Wut zeigst Du das.

WÜTERICH: Dieser Feigling hat nicht das Recht, uns hier einfach stehen zu lassen!

FRITZE: Aus seiner Sicht hat er wahrscheinlich im Recht gehandelt. Wir können ihm natürlich die Meinung sagen. An der Parkplatzsituation ändern wir so aber überhaupt nichts – wie du siehst.

WOGENGLÄTTERIN: Dafür schadest du uns, Wüterich! Unser ganzer Körper ist im Stress: Der Blutdruck steigt, das Herz rast, die Nerven liegen blank.

FRITZE: Weil sich der Wüterich mit seinen wütenden Gedanken im Kreis dreht, steigern wir uns immer mehr in die Wut hinein.

WOGENGLÄTTERIN: Wie können wir diesen Teufelskreis unterbrechen?

FRITZE: STOPP!

WÜTERICH: Was heißt hier Stopp!?

FRITZE: Stopp heißt: Stoppe deine Wut-Gedanken.

WÜTERICH: Hä?

FRITZE: Wie sieht der Himmel aus?

WÜTERICH: Was für eine bescheuerte Frage! Unser Parkplatz ist weg und der Torfkopf ist abgehauen …

FRITZE: Stopp! Schau dir bitte den Himmel an und beschreibe, wie er aussieht.

WÜTERICH: Bitte: Er ist überwiegend blau.

FRITZE: Schau genauer hin.

WÜTERICH: Du nervst! Noch ein paar weiße Wolken und dahinten leuchtet schon ein leichtes Abendrot. Jetzt zufrieden?

FRITZE: Gut! Und jetzt atmen wir tief in den Bauch ein und lassen die Luft langsam ausströmen. Bevor wir wieder einatmen zählen wir einundzwanzig, zweiundzwanzig, dreiundzwanzig. Und wieder tief in den Bauch einatmen, langsam ausatmen und Atem anhalten und wieder zählen …

WOGENGLÄTTERIN: Toll, unser Körper entspannt sich, der Blutdruck normalisiert sich.

FRITZE: Sag mal, Wüterich, für welche Kleinigkeit können wir jetzt in diesem Moment dankbar sein?

WÜTERICH: Dafür, dass da vorne ein Bäcker ist. Merkt Ihr nicht, dass wir Hunger haben?

FRITZE: Na, wunderbar. Und auf den dreißig Metern bis zum Bäcker pfeifen wir noch ein Liedchen.

WÜTERICH: Vergiss das mit dem Liedchen pfeifen!

FRITZE: Gut, aber dann rennen wir zum Bäcker. So vertreiben wir nämlich das Adrenalin aus unserem Blut. Auf die Plätze, fertig, los!

WOGENGLÄTTERIN: Oh ja! Tut doch gut, stimmt's Wüterich? … Wüterich? … Hallo?

FRITZE: Mir scheint, er hat sich zurückgezogen.

WOGENGLÄTTERIN: Na, dann guten Appetit. Und danach schnell wieder ins Auto und einen Parkplatz suchen.

AUF DEN PUNKT

Wegweiser aus der Grübelfalle:

Wenn wir wütend sind, fühlen wir uns durch die Worte oder das Verhalten eines anderen verletzt und angegriffen. Wir fühlen uns nicht ernst genommen oder glauben, der andere will uns dumm aussehen lassen. Unser Selbstwertgefühl ist verletzt. Wir sind davon überzeugt, dass der andere uns nicht so behandeln darf und wollen uns verteidigen bzw. zurückschlagen. Unser Körper schaltet auf Kampfmodus, unsere Adern pochen, Adrenalin schießt durch den ganzen Körper, wir atmen flach, unser Herz schlägt schneller, wir schwitzen. An sachliche Überlegungen und vernünftige Kommunikation ist jetzt nicht mehr zu denken. Wir schreien und verlieren die Kontrolle. Die Wut bricht aus uns heraus. Gleichzeitig fühlen wir uns ohnmächtig. Wir erkennen unsere Machtlosigkeit, da sich die Situation nicht ändert. Unsere Wut steigt noch mehr.

Sie können nur wütend sein, wenn Sie wütende Gedanken haben. Und die wütenden Gedanken steigern Ihre Wut noch mehr. Um diesem Teufelskreis zu entkommen, brauchen Sie zunächst eine Bewusstheit für Ihren Zustand und Ihren Wut-Gedanken-Teufelskreis. Betrachten Sie sich und die Situation durch die Augen eines Beobachters. Beschreiben Sie, was Sie sehen. Mit dieser innerliche Distanz können Sie

Ihr Verhalten in eine konstruktive Richtung lenken. Folgende Möglichkeiten können Sie nutzen:

1 **Gedanken-Stopp:** Sie unterbrechen Ihre wütenden Gedanken, indem Sie innerlich – oder auch laut – »Stopp« sagen. Wenn ein neuer wütender Gedanke kommt, unterbrechen Sie auch diesen mit »Stopp«!

2 **Atmen:** Der Atem führt uns immer wieder zu uns selbst und hilft uns, körperlich zu entspannen und uns zu zentrieren. Atmen Sie tief in den Bauch ein und atmen Sie langsam wieder aus, bis keine Luft mehr in den Lungen ist, warten Sie drei Sekunden und atmen Sie dann wieder tief in den Bauch ein. Nach drei bis fünf Wiederholungen fühlen Sie sich schon entspannter.

3 **Ablenkung:** Brechen Sie aus Ihrem Gedanken-Teufelskreis aus, indem Sie Ihre Aufmerksamkeit gezielt auf etwas anderes in Ihrer Umgebung richten: Wie viele Menschen sind noch da? Zählen Sie doch mal durch. Wie sieht der Himmel aus? Welche Farben sehen Sie? Welche Geräusche hören Sie? Wonach riecht es hier?

4 **Bewegung:** Boxen Sie gegen einen Sandsack, rennen Sie einmal die Treppen hoch und runter oder legen Sie einen kleinen Sprint hin: Bewegung hilft. Ihr Körper baut das Adrenalin im Blut ab und Sie werden entspannter.

5 **Singen:** Sicher kommt es Ihnen komisch vor, ein Liedchen zu pfeifen oder zu summen, wenn Sie wütend sind. Und genau das ist der Sinn der Sache. Sie können nicht wütend sein, wenn sie singen und dabei

innerlich über sich schmunzeln, weil es Ihnen albern vorkommt. Vielleicht können Sie dann sogar über die ganze Situation lachen.

6 Dankbarkeit:
Fragen Sie sich, wofür Sie in dieser Situation oder generell in Ihrem Leben dankbar sein können. So richten Sie sich mental wieder auf etwas Gutes aus.

Wenn Sie häufig wütend sind und sich schnell angegriffen fühlen, können Sie sich auch mit Ihrem Selbstwertgefühl beschäftigen. Ursachen, die unser Selbstwertgefühl schwächen können, gibt es viele. Zum Beispiel die Art und Weise, wie wir uns selbst für Fehler oder Schwächen kritisieren, weil wir uns selbst aus verschiedenen Gründen nicht in Ordnung finden. Oder wir scheitern an den Erwartungen, die wir an uns selbst stellen. Unsere Wut richtet sich dann gegen uns selbst, wodurch wir unser Selbstwertgefühl weiter schwächen.

Wenn es Ihnen ähnlich geht, können Sie lernen, sich selbst gegenüber toleranter und sanftmütiger zu sein. Je mehr Sie sich selbst annehmen und achten, desto stärker ist Ihr Selbstwertgefühl, desto weniger fühlen Sie sich angegriffen und desto weniger wütend sind Sie.

Noch eine Stimme:
> *Mit einem Vulkan ist nicht zu reden.*
> ERNST JÜNGER

SELBSTHILFE FÜR SELBSTLOSE:

Wie Sie gleichzeitig sich selbst und anderen helfen

◉

Montagabend, 19:17 Uhr, im Wohnzimmer: Feierabend. Sie kuscheln sich mit einem Buch in Ihren Lieblingssessel. Endlich Ruhe! Aus dem Augenwinkel bemerken Sie ein rotes Blinken.

Da melden sich Ihre inneren Stimmen zu Wort:

Hey, der Anrufbeantworter leuchtet. Lass uns abhören!

Ach, nö. Wir sitzen gerade so schön.

Los jetzt, es könnte was Wichtiges sein.

Na gut.

…

Da haben wir den Salat. Unsere Kollegin hat ein Computer-Problem, unsere Schwester braucht einen Babysitter, unsere Frau schickt uns zum Einkaufen, unser Kumpel benötigt Hilfe bei der Reparatur seines Motorrads und unsere Mutter bittet um Rückruf. Haben die sich alle gegen uns verbündet?

Papperlapapp. Die brauchen eben unsere Hilfe. Am besten fangen wir mit dem Einkauf an.

Boah, wie bist du denn drauf? Die anderen schnippen mit dem Finger und wir springen?

Natürlich, nicht umsonst bin ich **der Altruist**. Wenn andere uns brauchen, sollten wir für sie da sein. Da müssen unsere eigenen Bedürfnisse warten.

Müssen sie nicht. Ich will nur für mich da sein und entspannen.

Du denkst nur an uns!

Na klar, ich bin ja auch **der Egoist**.

Wenn du immer nur an uns denkst, sind wir bald sehr einsam.

Und wenn wir immer nur an die anderen denken, tun wir nichts mehr für uns. Das ist auf Dauer nicht gesund, darum nennt man mich auch **den Selbstfürsorger.**

Blödsinn. Es ist schön, für andere da zu sein und ihnen zu helfen. Und es tut gut, zu wissen, dass wir gebraucht werden. Wenn wir Hilfe brauchen, sind die anderen auch für uns da.

Wie neulich, als wir den neuen Kleiderschrank aufbauen wollten.

Das war eben Samstagabend und alle hatten schon etwas vor.

Merkst du was?

Wir hätten nur früher Bescheid sagen müssen.

Das glaubst du im Ernst?

Natürlich!

Und ich glaube, wir sollten uns zuerst um uns selbst und unsere Bedürfnisse kümmern.

Dann sind wir mit uns selbst im Reinen.

Endlich eine Stimme bei Verstand. Wer bist Du?

Na, ich bin's, **die Fritze**. Und was bringt's noch, wenn wir uns um unsere Bedürfnisse kümmern?

EGOIST: Durch unsere Ausgeglichenheit sind wir viel netter und aufmerksamer zu anderen.

FRITZE: Wir tun also doch etwas für die anderen.

ALTRUIST: Das können wir schneller haben: Lass uns einkaufen gehen, anschließend unserer Kollegin mit ihrem Computer helfen und dann …

EGOIST: Du kapierst es nicht. Bitte hilf mir, Fritze!

FRITZE: Unsere Fürsorge für uns ist genauso wichtig, wie unsere Fürsorge für andere. Deswegen ist der Egoist im besten Fall gar kein Egoist, sondern ein Selbstfürsorger.

SELBSTFÜRSORGER: Ja, das gefällt mir auch viel besser. Und wenn wir jetzt zehn Minuten die Füße hochlegen und nur für uns da sind, können wir danach viel entspannter den Einkauf machen.

ALTRUIST: Heißt das, ich bin arbeitslos?

FRITZE: Nein, ohne dich wären wir nur mit unserer Selbstfürsorge beschäftigt. Wir brauchen Dich. Du sorgst dafür, dass wir nicht den ganzen Abend auf der Couch liegen, sondern auch für unsere Freunde da sind. Und in gesundem Maß, gibt uns das ja auch ein gutes Gefühl.

SELBSTFÜRSORGER: In gesundem Maß! Darauf kommt es nämlich an.

FRITZE: Wir müssen für uns selbst, genauso wie für andere, da sein. Dazwischen brauchen wir eine Balance.

ALTRUIST: Also los: Das Computerproblem beheben wir heute Abend. Unsere Schwester rufen wir schnell an und sagen fürs Babysitten am Samstag zu. Unser

Kumpel kann bis morgen warten und unsere Mutter auch. Wäre es dringend, hätte sie auf den Anrufbeantworter gesprochen.

SELBSTFÜRSORGER: Deal! Jetzt entspannen wir aber erstmal vor dem Einkauf.

AUF DEN PUNKT

Wegweiser aus der Grübelfalle:

Für ein gesundes und glückliches Leben ist es wichtig, den eigenen Bedürfnissen und Interessen genauso viel Aufmerksamkeit zu schenken, wie den Bedürfnissen der anderen. Manche Menschen unterdrücken ihre eigenen Bedürfnisse häufig und werden deswegen müde, kraftlos, unglücklich oder gar krank. Sie stellen Ihre Mitmenschen immer an die erste Stelle. Doch das ständige Unterdrücken der eigenen Bedürfnisse kostet Kraft. So können sie auch den anderen bald immer weniger geben. In manchen Situationen stellen wir die eigenen Bedürfnisse besonders zurück. Für Eltern steht etwa das Wohlergehen des Kindes an erster Stelle. Dennoch ist Raum für eigene Interessen und Bedürfnisse auch für sie wichtig. Niemand möchte später von den Eltern hören, worauf sie alles für einen verzichtet haben.

Als Erwachsene müssen wir auf uns selbst achten, weil es niemand mehr für uns übernimmt. Und wenn WIR gesund und glücklich sind, können wir uns auch kraftvoll und aufmerksam für unsere Mitmenschen einsetzen. In diesem Sinne: Achten Sie auf Ihre Bedürfnisse und Interessen.

Ein Selbstfürsorger handelt nicht egoistisch. Egoisten setzen Ihren Willen ohne einen Gedanken an andere durch, wann immer sie wollen. Sie denken NUR an sich und vergessen dabei die Bedürfnisse ihrer Mitmenschen oder schaden ihnen sogar. Selbstfürsorge bedeutet **etwas anderes**. Ein Selbstfürsorger trägt Sorge für sein Wohlergehen. Er erfüllt seine eigenen Bedürfnisse und zeigt aufrichtiges Interesse am Wohlergehen anderer Menschen.

Mit folgender Frage stellen Sie Kontakt zu Ihrem inneren Selbstfürsorger her:

Was kann ich in diesem Moment tun, damit es mir gut bzw. besser geht?

Ziehen Sie sich für einen Moment aus dem aktuellen Geschehen zurück. Besinnen Sie sich auf Ihre Bedürfnisse. Sobald Sie wieder in Kontakt zu Ihren inneren Ressourcen stehen, profitieren auch Ihre Mitmenschen von Ihrer Gesellschaft.

Noch eine Stimme:

> *Guten Tag, hier ist der Apparat von Karl Dall. Wenn Sie etwas zu sagen haben, sprechen Sie nach dem Piepton. Wenn Sie nichts zu sagen haben, hinterlassen Sie einen Piepton.*
> ANRUFBEANTWORTER-ANSAGE VON KARL DALL

JOGGING FÜR COUCH-POTATOES:

Wie Sie Ihre guten Vorsätze wirklich umsetzen

◉

Mittwochmorgen, 06:00 Uhr, der Wecker klingelt: Beim Einschlafen stand Ihr Plan noch felsenfest: Vor der Arbeit joggen gehen. Jetzt ist es soweit, aber Ihre Überzeugung hat nachgelassen. Schlaf ist doch auch wichtig …

Da melden sich Ihre inneren Stimmen zu Wort:

Sechs Uhr. Warum klingelt der Wecker so früh? Ach ja, wir wollten heute vor der Arbeit joggen gehen.

Schon klar. Erst noch einmal umdrehen und langsam wach werden.

Wir haben extra unsere Joggingschuhe vor's Bett gestellt.

Die laufen nicht weg. Noch fünf Minuten.

Jetzt reicht's. Raus aus den Federn.

Moooment! Draußen sieht's ziemlich grau aus. Bestimmt regnet's gleich.

Langsam glaube ich, du willst gar nicht joggen.

So habe ich mir den Namen **der Bremser** erarbeitet.

Gestatten, **der Gasgeber**.

War ja klar. Aber im Ernst: Gleich regnet's.

Schon mal was von Regenjacken gehört?

Wir erkälten uns bestimmt. Und überhaupt. Unser Kreislauf liegt noch im Bett.

Wir sind gar nicht fit für's Laufen!

Herrje, jetzt haben wir so lange diskutiert, dass wir eh keine Zeit mehr haben. Mist. Heute Abend laufen wir aber ganz sicher.

Wenn das Wetter mitspielt.

...

So, die Sonne scheint, wir laufen jetzt.

Mooooment! Eine kleine Verschnaufpause haben wir uns nach dem Arbeitstag verdient. Schau mal, da steht unsere gemütliche Couch.

Netter Versuch, lieber Bremser, aber ich durchschaue Dich: Du hoffst, dass wir auf der Couch versacken.

Stell doch die Joggingschuhe zur Erinnerung direkt neben die Couch.

Das ist eine gute Idee. Also gut: Zehn Minuten Beine hochlegen.

Wo wir so gemütlich da sitzen, können wir mal kurz den Fernseher anmachen.

Aber nur kurz zappen.

So ein Zufall: Da läuft unser Lieblings-Wissensmagazin. Ein Beitrag über die aktuelle Hirnforschung! Komm, den gönnen wir uns. Ist gut für die Bildung.

Aber nicht für unsere Fitness.

Jaja, die kommt später auch noch dran. Abgesehen davon: So unfit sind wir auch wieder nicht. Guck mal, die Chips-Tüte vom Wochenende. Gerade richtig für unser kleines Hüngerchen.

Du bist ein sehr verführerischer Bremser. Aber wenn wir jetzt mit Chips anfangen, hören wir nicht mehr auf.

Wenn wir wirklich wollen, können wir auch aufhören. Wir haben uns doch unter Kontrolle. Oder?

Aber nur eine Hand voll.

Mmmh, schön knusprig. Komm greifen wir noch mal rein. Mit leerem Magen unterzuckern wir beim Laufen.

Das stimmt. Einmal reingreifen geht noch.

Ja, und vielleicht auch noch mal. Und noch mal. Mmmmmh, das schmeckt!

So, die Sendung ist vorbei und unsere Joggingschuhe schauen uns vorwurfsvoll an.

Und wir haben den Bauch voller Chips. Die Tüte dagegen ist leer.

Leider.

Besser wir verdauen noch in Ruhe. Dabei können wir diese neue Serie schauen.

Aber ...

Mit so einem vollen Chips-Bauch können wir unmöglich laufen.

Verdammt. Wir hatten es uns fest vorgenommen. Und jetzt hängen wir faul und vollgefressen auf der Couch und gucken fern.

Wir sollten uns mit dem Joggen nicht so stressen.

Das ist nicht fair! Warum kannst du dich immer durchsetzen?

Ihr habt beide gute Absichten. Der Bremser sorgt für Entspannung und der Gasgeber für körperliche Fitness.

Von wegen! Joggen bedeutet körperlichen Stress. Wer bist du überhaupt?

Na, ich bin's, **die Fritze**. Wie meinst du das mit dem Stress?

BREMSER: Wenn der Gasgeber alle paar Monate seinen Rappel kriegt und wir tatsächlich joggen, übertreibt er dermaßen, dass wir die nächsten Tage kaum kriechen können vor Muskelkater und Erschöpfung. Das ist doch nicht gesund!

GASGEBER: Du Sensibelchen! Training muss eben auch etwas weh tun.

BREMSER: ETWAS? du treibst uns bis zur totalen Erschöpfung!

GASGEBER: Wenn es nach dir geht, liegen wir auf der Couch, fressen Chips und werden immer fauler und fetter.

FRITZE: Wie wäre es, wenn Ihr euch beide entgegenkommt?

GASGEBER: Joggen und dabei Chips futtern?

BREMSER: Auf der Couch entspannen in Joggingschuhen?

FRITZE: Für Dich, lieber Gasgeber, geben wir Gas, aber nicht Vollgas. Und für dich, lieber Bremser, entspannen wir auf der Couch, aber nicht immerzu.

GASGEBER: Wie soll das denn konkret aussehen?

FRITZE: Wenn wir joggen, achten wir auf unseren Puls. Wir fangen langsam an und steigern uns Schritt für Schritt. Und du gönnst dem Bremser unsere Couch-Sessions.

GASGEBER: Und was tut dann der Bremser?

FRITZE: Er wird uns nicht mit Tricks vom Laufen abhalten. Zumindest wenn er weiß, dass du es nicht wieder übertreibst und er später auch auf seine Kosten kommt. Der Bremser wird dir beim Laufen sogar helfen, das richtige Tempo zu finden. Joggen kann für Euch beide gut sein. Dafür müsst Ihr aber Hand in Hand arbeiten und aufeinander achten, statt euch gegenseitig zu behindern.

BREMSER: Ich geb's zu: Auf der Couch rumlungern ist nach dem Laufen noch schöner. Dann ist der Körper so angenehm schwer.

GASGEBER: Also gut. Du lässt uns laufen, weil wir auf unsere körperlichen Grenzen achten und ich lass' uns in Ruhe entspannen, weil Entspannung auch wichtig ist.

AUF DEN PUNKT

Wegweiser aus der Grübelfalle:

Jeder weiß, wie wichtig Bewegung für unsere Gesundheit ist. Trainingspläne sind schnell geschmiedet. Aber wie es mit der Umsetzung klappt, steht meist auf einem anderen Blatt. Ein Problem, das wir nicht nur vom Sport kennen. Geht es um die Umsetzung guter Vorsätze, merken wir besonders deutlich, wie verschieden die Bedürfnisse unserer inneren Teile doch aussehen. Gehen wir nicht auf diese Bedürfnisse ein, weil wir sie nicht erkennen, fechten wir immer wieder innere Kämpfe aus – ein sicherer Weg in die Unzufriedenheit.

Entscheiden Sie deshalb bewusst, welches Bedürfnis Sie jetzt befriedigen. Vernachlässigen Sie nicht die Bedürfnisse Ihrer anderen Persönlichkeitsteile. Befriedigen Sie diese zu anderen Zeitpunkten.

Wenn Sie sich entschieden haben, etwas zu tun, gilt: Nicht denken – handeln! Sobald wir unsere Entscheidung hinterfragen, finden wir kreative Ausreden und unser Vorsatz gerät in Gefahr.

Wenn Sie Ihre Vorhaben umsetzen wollen, gehen Sie wie folgt vor:

1 Ergründen Sie, welches Bedürfnis hinter Ihrem Vorhaben steckt. (Zum Beispiel Fitness und Gesundheit durch Ausdauersport)

2 Prüfen Sie, wie wichtig Ihnen dieses Bedürfnis ist. Was wäre, wenn Sie Ihr Vorhaben nicht umsetzen? Was versprechen Sie sich von der Umsetzung? Tragen Sie auf einer Skala von eins (unwichtig) bis zehn (ungeheuer wichtig) ein, wie wichtig Ihnen das Bedürfniss ist. Begründen Sie, warum es Ihnen so wichtig ist.

3 Überprüfen Sie die Rahmenbedingungen für Ihr Vorhaben. (Haben Sie gute Laufschuhe? Etc.)

4 Planen Sie Ihr Vorhaben fest in Ihrem Kalender ein.

5 Wenn der Zeitpunkt gekommen ist, an dem Sie Ihr Vorhaben in die Tat umsetzen wollen, hinterfragen sie dieses auf keinen Fall. Sie haben im Vorfeld alle Argumente abgewogen und sind zu einem klaren Entschluss gekommen. Erinnern Sie sich daran, sobald Sie zögern und stoppen Sie die Gedanken. Konzentrieren Sie sich ausschließlich auf das Tun. Handeln statt denken!

Achten Sie regelmäßig bewusst auf Ihr Verhalten und analysieren Sie, welches Bedürfnis Sie gerade befriedigen. So können Sie Entspannung intensiver und ohne schlechtes Gewissen genießen. Wenn wir immerzu daran denken, was wir noch alles tun müssen, vermiesen wir uns die eigenen Entspannungsphasen. Es gilt: Wenn wir entspannen, entspannen wir und denken nicht daran, was noch zu tun ist. Wenn wir laufen, laufen wir und denken nicht daran, wie es auf der Couch wäre.

Noch eine Stimme:
> *Gute Vorsätze sind sehr beliebt. Sie lassen sich immer wieder verwenden.*
>
> LOTHAR SCHMIDT

ANFANGEN FÜR HINAUSZÖGERER:

Wie Sie mit Mini-Schritten Berge bezwingen.

◉

Dienstagnachmittag, 14:15 Uhr, im Büro: Seit Wochen schieben Sie diesen Fachartikel vor sich her. Ihre Ausreden sind kreativ, doch langsam rennt Ihnen die Zeit davon …

Da melden sich Ihre inneren Stimmen zu Wort:

Ran an die Tasten. Nächste Woche ist der Abgabetermin!

Ach, nächste Woche – da haben wir ja noch Zeit. Erstmal räumen wir den Schreibtisch auf. Zum Arbeiten brauchen wir Ordnung.

Auch wieder wahr. Wer gibt hier eigentlich kluge Ratschläge?

Ich bin **der Aufschieber**. Und wenn wir schon dabei sind, können wir Tastatur und Telefon auch gleich reinigen.

Mir wär's wichtiger, dass wir mit dem Artikel anfangen. Schließlich bin ich **der Anpacker**.

Jetzt sind wir schon im Aufräum-Modus. Sortieren wir noch das Chaos in unseren Kundenmappen. Die haben wir in letzter Zeit vernachlässigt.

Ja schon, aber ist das jetzt wichtiger als der Artikel?

Bis zur Mittagspause kriegen wir sowieso nichts Vernünftiges mehr gebacken. Da können wir genauso gut die Kundenmappen auf Vordermann bringen. Bist doch auch froh, wenn wir das endlich erledigt haben.

Aber nach dem Essen hauen wir in die Tasten!

…

Lass uns kurz schauen, ob während der Pause wichtige E-Mails reingekommen sind.

Gut, das können wir schnell erledigen. Tatsächlich: Da ist einiges gekommen. Nicht wichtig, … später bearbeiten, … nicht wichtig … weiterleiten, … löschen, … kurz antworten … oh, hier ist was Lustiges mit 'nem Link zu einem Video.

Anschauen! Anschauen! (…) Klasse! Guck mal, da sind noch mehr witzige Filmchen.

Du willst uns nur vom Artikel abhalten.

Lachen ist gesund! Komm, noch ein Video …

…

Na toll, jetzt ist schon wieder eine Stunde rum.

Unser Nachmittagstief naht. Zeit für einen Espresso.

Oh ja, das ist eine gute Idee. Mist. Das Espresso-Pulver ist aus!

Einkaufen wollten wir nachher sowieso. Komm, wir gehen zum Supermarkt um die Ecke und erledigen alles in einem Abwasch.

Das kostet uns mindestens eine halbe Stunde. Der Artikel ruft!

Keine Panik! Mit dem Espresso intus können wir nachher fit und konzentriert schreiben.

Na, dann los.

…

Jetzt aber. Oh je, unser Kopf ist ganz leer. Wie fangen wir bloß an?

Beim Überlegen gießen wir unsere Pflanzen. Schau' mal, wie jämmerlich die aussehen! Das ist Gift für die Raumatmosphäre. Und die trockenen Blätter entfernen wir auch gleich.

Aber …

Wir brauchen eine gute Arbeitsatmosphäre. Und den blinkenden Cursor auf dem Monitor anzustarren, hilft uns auch nicht weiter.

…

Wir könnten die Bücher mal wieder in ihre alphabetische Reihenfolge einordnen.

Jetzt reicht's. So starten wir nie mit dem Artikel. Irgendwas zu erledigen gibt's immer.

Bücher sortieren ist total sinnvoll. So finden wir auch den Stoff für den Artikel schneller.

Für dich ist alles sinnvoll, was uns vom Artikel ablenkt. Es ist fast fünf Uhr und wir haben noch keine Zeile geschrieben.

Dafür haben wir andere Dinge erledigt. Da können wir doch zufrieden mit uns sein.

Zufrieden? Unser Artikel besteht aus einem leeren Blatt – dafür glänzt unsere Tastatur wie neu. Verzweifelt sollten wir sein. Am Ende arbeiten wir die Nacht vor der Abgabe wieder durch. Das ist doch ätzend! Und du bist schuld!

Mit einem hat der Aufschieber aber Recht: Wir hatten heute viele kleine Erfolgserlebnisse!

Wer mischt sich ein?

Na, ich bin's, **die Fritze**.

AUFSCHIEBER: Du bist mir sehr sympathisch. Schau doch, Anpacker: So toll sah das

Büro lange nicht mehr aus. Da sieht man gleich, was wir geschafft haben. Und auch die witzigen Videos haben uns schnelle Glücksgefühle verschafft.

FRITZE: Aber der Anpacker findet das gar nicht witzig und ist frustriert.

ANPACKER: Ich habe überhaupt nicht das Gefühl, etwas geschafft zu haben. Wir wollten doch mit dem Artikel anfangen …

FRITZE: Ich hab einen Tipp für Euch: Lieber mini als nix.

AUFSCHIEBER: Hä?

FRITZE: Einen Mini-Schritt zu gehen ist besser, als auf der Stelle zu treten. Für den Artikel tun wir nach diesem Prinzip genau so viel, wie es uns gerade möglich ist. Eben was wir gerade kurz erledigen können – ähnlich wie das Blumengießen. Und wir vereinbaren einen festen Termin, von wann bis wann wir uns an den Artikel setzen.

AUFSCHIEBER: Das ist doch ein Trick!

FRITZE: So verschaffen wir uns ein Erfolgserlebnis. Entscheidend ist, dass der Termin nur kurz dauert, 15 Minuten zum Beispiel.

ANPACKER: In fünfzehn Minuten schaffen wir doch nichts!

FRITZE: Doch, einen Anfang. In diesen fünfzehn Minuten beschäftigen wir uns nur mit unserem Artikel. Wir überlegen uns einen Titel, recherchieren, brainstormen, notieren Stichwörter – was auch immer. Und nach exakt 15 Minuten hören wir auf, denn das ist die Vereinbarung mit dem Aufschieber.

AUFSCHIEBER: Und schon haben wir ein kleines Erfolgserlebnis, weil wir uns an die Vereinbarung gehalten haben.

FRITZE: Prinzip verstanden! Nach den 15 Minuten können wir dann Pflanzen gießen oder Bücher sortieren.

AUFSCHIEBER: Noch mehr kleine Erfolgserlebnisse!

ANPACKER: Und zum nächsten vereinbarten Termin setzen wir uns wieder an den Artikel.

FRITZE: Diesmal vielleicht für 30 Minuten.

AUFSCHIEBER: Und nach exakt 30 Minuten ist Schlusspfiff.

FRITZE: So besteigen wir den großen Berg »Artikel schreiben« in kleinen Schritten.

AUFSCHIEBER: Und zur Belohnung dürfen wir auch mal ein Video schauen.

ANPACKER: Vorschlag: Wir setzen uns jetzt 15 Minuten an eine Mindmap und sammeln erste Ideen zum Artikel.

AUFSCHIEBER: 15 Minuten! Dann ist Feierabend!

ANPACKER: Abgemacht. Und morgen früh von neun bis zehn.

AUFSCHIEBER: Abgemacht. Danach gönnen wir uns einen leckeren Kaffee mit Keks.

FRITZE: Na, dann viel Spaß.

AUF DEN PUNKT

Wegweiser aus der Grübelfalle:

Das Gute am Aufschieben: Stattdessen erledigen wir viele andere kleine Aufgaben und verschaffen uns Erfolgserlebnisse. Das Schlechte: Früher oder später belastet uns das Aufschieben. Wir geraten unter Zeitdruck, wodurch die Qualität unserer Arbeit leidet. Gegen Aufschieberitis helfen Mini-Schritte. Und seien sie noch so klein: Ein Mini-Schritt ist immer besser, als gar nix für unser Vorhaben zu unternehmen.

Sie tun genau so viel für Ihr Vorhaben, dass Sie noch ein gutes Gefühl dabei haben – und seien es nur zehn Minuten Brainstorming. Stehen Sie wie der berühmte Ochs vorm Berg, kann so ein Mini-Schritt auch aus 10 Minuten Hinsetzen und Nachdenken bestehen. Folgen Sie Ihrer Vereinbarung genau. Aus zehn Minuten Brainstorming darf keine Stunde werden. So beweisen Sie sich selbst, dass Sie Ihr eigenes Versprechen auch halten.

Nach den zehn Minuten stellen Sie zufrieden fest: »Ich habe es getan! Und es war gar nicht schlimm. Sogar ein bisschen Spaß hat es gemacht.« Sie können ein erstes kleines Erfolgserlebnis feiern. Gleichzeitig legen Sie einen Grundstein für den nächsten kleinen oder vielleicht schon größeren Schritt.

Kurz: Wenn Sie nicht das tun, was Sie tun SOLLTEN, dann tun Sie wenigstens das, was Sie tun KÖNNEN.

Noch eine Stimme:
> *Dem Gehenden schiebt sich der Weg unter die Füße.*
> MARTIN WALSER

ANERKENNUNG FÜR IGNORIERTE:

Wie Sie bei der Wahrheit bleiben

◉

Freitagnachmittag, 16:53 Uhr, im Archiv: Puh, geschafft! Drei Tage lang haben Sie die Projektdokumentation geordnet. Freiwillig. Neben Ihrem Tagesgeschäft. Irgendeiner muss es ja machen. Da kommt Ihr Chef mit einem Blumenstrauß. Sicher zum Dank für Ihren Einsatz. Aber … Das darf nicht wahr sein. Da ist seine Frau, für die sind die Blumen. Ihnen schenkt er noch nicht mal ein Nicken …

Da melden sich Ihre inneren Stimmen zu Wort:

Frechheit! Wir setzen uns voll ein und er sieht uns noch nicht einmal. Als Chef sollte er uns doch durch Anerkennung motivieren.

Steht das in unserem Vertrag?

Was bist du denn für eine?

Na, ich bin's, **die Fritze**. Und was steht nun in unserem Vertrag?

Das ist doch albern. So etwas steht nicht im Vertrag. Lob und Anerkennung für die Leistung seiner Mitarbeiter sollten für jeden Chef selbstverständlich sein.

FRITZE: Du bist **der Lobsucher**, stimmt's?

LOBSUCHER: Ja, der bin ich.

FRITZE: Macht dir die Suche nach Lob und Anerkennung denn Spaß?

Oft ist es frustrierend. Ich glaube, die anderen ignorieren uns. Und ich frage mich, wozu wir uns einsetzen, wenn es uns sowieso keiner dankt.

FRITZE: Und wie verhalten wir uns dann?

LOBSUCHER: Manchmal ziehen wir uns in unser Schneckenhaus zurück. Oder wir versuchen, mit allen Mitteln aufzufallen. Wirkt auf die anderen bestimmt angeberisch. Und manchmal kriechen wir unserem Chef fast auf Knien hinterher, nur um ihm zu gefallen.

FRITZE: Klingt nicht sehr spaßig. Wie wär's denn, wenn wir das Lob vom Chef gar nicht bräuchten?

LOBSUCHER: Wahrscheinlich wären wir unbeschwerter und könnten mit mehr Freude arbeiten. Aber ich kann das nicht einfach abschalten. Neulich hat die Geschäftsführung unsere Idee direkt umgesetzt. Von unserem Chef: Kein Mucks. Das ist doch unfair!

FRITZE: Haben wir ihm das so schon mal gesagt?

LOBSUCHER: Klar, in jedem Mitarbeitergespräch betonen wir, wie wichtig uns sein Feedback ist und dass wir für unsere Motivation auch seine Anerkennung brauchen.

FRITZE: Und?

LOBSUCHER: Hoffnungslos! Er sagt nur »ja, ja«, aber es ändert sich nichts.

FRITZE: Wessen Angelegenheit ist denn das Lob unseres Chefs?

LOBSUCHER: Was meinst Du?

FRITZE: Wer entscheidet, wie sich unser Chef verhält?

LOBSUCHER: Na, unser Chef natürlich.

FRITZE: Wir mischen uns also in SEINE Angelegenheiten ein. Wir machen uns von seinem Verhalten abhängig. Und wessen Angelegenheit ist es, wen WIR anerkennen?

LOBSUCHER: Unsere. Das entscheiden wir.

FRITZE: Warum kümmern wir uns nicht um UNSERE Angelegenheit? Auf die Anerkennung unseres Chefs zu warten, bringt's ja anscheinend nicht.

LOBSUCHER: Ich komme nicht ganz mit.

FRITZE: Du sagst: »Unser Chef sollte unsere Leistungen mehr anerkennen«. Sollte er das wirklich tun?

LOBSUCHER: Ja.

FRITZE: Wirklich? Wie wäre es mit »Wir sollten mehr anerkennen.« Ist da vielleicht auch ein Funken Wahrheit drin?

LOBSUCHER: Vielleicht ein Funken.

FRITZE: Fällt dir noch eine Wahrheit ein?

LOBSUCHER: Hm. Wir sollten unseren Chef mehr anerkennen?

FRITZE: Interessant.

LOBSUCHER: Es scheint mehr Wahrheiten zu geben, als ich dachte.

FRITZE: Wir könnten philosophieren, ob es überhaupt eine Wahrheit gibt, doch das führt zu weit. Was tust du jetzt?

LOBSUCHER: Wir würdigen endlich mal unsere Leistungen und geben uns Anerkennung für alles, was wir schon erreicht haben. Und dann überlegen wir, wofür wir unserem Chef Anerkennung schenken könnten.

FRITZE: Hört sich gut an. Wir übernehmen die Verantwortung für uns. Und wir geben auch anderen, was wir für uns selbst wünschen. So viele Menschen warten auf

Anerkennung von anderen, aber schenken ihren Mitmenschen selbst keine.

LOBSUCHER: Wenn wir aktiv handeln, fühlen wir uns weniger abhängig von anderen. Was die tun, ist deren Angelegenheit. Wir kümmern uns um unser Verhalten, um unsere Angelegenheiten.

FRITZE: Genau! Übernehmen wir die Verantwortung für unser Wohlbefinden, statt auf die anderen zu warten.

AUF DEN PUNKT

Wegweiser aus der Grübelfalle:

Oft halten wir unsere Überzeugungen und Sichtweisen für die einzige Wahrheit. Handeln unsere Mitmenschen nicht nach dieser einen Wahrheit, sind wir enttäuscht und geben Ihnen die Schuld an unserem Frust. Damit wir uns wieder besser fühlen, sollen sich die anderen anpassen. So machen wir uns von ihnen abhängig. Statt anderen unseren Willen aufzuzwingen, sollten wir überlegen, wie wir uns selbst ändern können, um uns besser zu fühlen. Dafür sollten wir unsere Überzeugung hinterfragen.

Wenn Sie sich über Ihre Überzeugung im Klaren sind, stellen Sie sich folgende Fragen:

1 Wessen Angelegenheit ist dies? Meine? Oder die des anderen?
2 Dient diese Überzeugung meinem Anliegen?
3 Kann ich mir wirklich sicher sein, dass nur meine Überzeugung richtig ist?
4 Welche Überzeugung könnte der andere haben?
5 Wie verhalte ich mich, wenn ich an meiner Überzeugung festhalte?
6 Wie würde ich mich verhalten, wenn ich meine Überzeugung loslasse?
7 Kann ich das, was ich vom anderen erwarte, auch ihm geben? Wie würde derjenige darauf reagieren?

Kümmern Sie sich um Ihre Angelegenheiten – eine anspruchsvolle Aufgabe. Übernehmen Sie die Verantwortung für Ihr Wolhbefinden. Befreien Sie sich aus der Abhängigkeit von anderen. Und glauben Sie nicht alles, was Sie denken – was ist schon DIE Wahrheit?

Noch eine Stimme:

> *Wenn es nur eine einzige Wahrheit gäbe, könnte man nicht hundert Bilder über dasselbe Thema malen.*
>
> PABLO PICASSO

MUT FÜR VERZAGTE:

Wie Sie Ihrer Angst die Angst nehmen

◉

Mittwochnachmittag, 15:03 Uhr, am Schreibtisch: In einer Woche ist die Jahresauftakttagung Ihrer Firma. Sie sollen zum ersten Mal vor großem Publikum präsentieren. Ihre Hände schwitzen, wenn Sie nur daran denken.

Da melden sich Ihre inneren Stimmen zu Wort:

Oh je, die Präsentation! Nur noch eine Woche! Wir haben noch nie vor so vielen Menschen gesprochen. Erst recht nicht auf einer Bühne, mit Scheinwerfern und Mikro. Warum hat der Chef uns überhaupt gefragt? Und was hat uns geritten, dass wir auch noch zugesagt haben?

Wir brauchen neue Herausforderungen, du **Angsthäschen**.

Hast du uns den Schlamassel eingebrockt??

Klar, ich bin ja auch der Mutmacher. Und ich sage dir eines: Komm' mir nicht in die Quere mit »Oh je, die Präsentation!« und so. Wir schaffen das schon.

Weißt Du, was da alles schiefgehen kann?

Papperlapapp! Wir haben die Präsentation in kleiner Runde schon gehalten und alle fanden es klasse. Sogar ein Präsentationsseminar haben wir besucht. Also, reiß' dich zusammen!

Vor so vielen Menschen zu sprechen ist etwas ganz anderes, als vor ein paar Kollegen.

Ich hab da einen tollen Trick für Dich: Stell sie dir einfach alle nackig vor.

Blöder Trick! Wir sollten unserem Publikum mit Respekt begegnen. Wie soll das gehen, wenn ich mir alle nackig vorstelle? Außerdem könnte ich zum Beispiel auf der Bühne stolpern und alle lachen mich aus.

Es gibt doch keine Fußangeln auf der Bühne!

Fußangeln nicht, aber jeder Mensch kann mal stolpern. Diese Angst ist also durchaus berechtigt.

Na super, das wird dem Angsthäschen jetzt weiterhelfen, wenn du es in seiner Angst auch noch bestärkst. Wer bist du überhaupt?

Na ich bin's, **die Fritze.** Wir sollten seine Sorgen ernst nehmen. Angsthäschen, wenn wir tatsächlich stolpern würden, wie kämen wir aus dieser Situation wieder raus?

ANGSTHÄSCHEN: Schnell aufstehen und einen witzigen Spruch bringen.

FRITZE: Und was für ein witziger Spruch könnte das vielleicht sein?

ANGSTHÄSCHEN: Hmm. Vielleicht: »In meiner Präsentation erfahren Sie, wie Sie im nächsten Jahr alle Stolperfallen überwinden.«

FRITZE: Klasse! Jetzt kannst du ruhig stolpern. Wovor hast du noch Angst?

ANGSTHÄSCHEN: Dass wir stottern, weil wir so aufgeregt sind.

MUTMACHER: Wir sprechen seit mehr als 30 Jahren fließend.

FRITZE: Hey, Mutmacher! Nimm seine Angst ernst!

MUTMACHER: Angenommen, wir stottern tatsächlich. Was können wir tun?

ANGSTHÄSCHEN: Bis drei zählen, unsere Artikulationswerkzeuge sortieren und dann langsam weitersprechen.

FRITZE: Und wenn wir noch ein wenig über uns selbst lachen oder wenigstens schmunzeln, werden wir nicht nur locker, sondern gewinnen auch noch Sympathiepunkte beim Publikum. Verhaspeln ist schließlich menschlich.

MUTMACHER: Wir können uns unmöglich auf alle Eventualitäten vorbereiten.

FRITZE: Im Grunde ist es die Angst vor der Angst, die unser Angshäschen plagt. Dagegen kann es angehen, indem es Schreckensszenarien durchspielt und sich Lösungen überlegt. Das gibt ihm Sicherheit. Und diese Sicherheit verleiht ihm Souveränität, falls wir tatsächlich in eine unangenehme Situation geraten – auch wenn es sie nicht vorher durchgespielt hat.

MUTMACHER: Sag mal Angsthäschen, was ist das Schlimmste, was uns bei dieser Präsentation passieren könnte?

ANGSTHÄSCHEN: Wenn uns jemand aus dem Publikum eine kritische Frage stellt, auf die wir keine Antwort wissen.

MUTMACHER: Wie könnten wir reagieren?

ANGSTHÄSCHEN: Das haben wir beim Präsentationsseminar gelernt. Wir sagen: «Dies ist eine gute Frage, zu der ich gerne etwas genauer recherchieren möchte. Die Antwort stelle ich morgen ins Intranet, damit alle Interessierten sie nachlesen können.»

FRITZE: So sprechen wir doch normalerweise gar nicht.

ANGSTHÄSCHEN: Wir würden es wohl etwas lockerer formulieren.

FRITZE: Und wie?

ANGSTHÄSCHEN: »Ups, jetzt haben Sie mich erwischt. Darauf habe ich im Moment keine Antwort. Ich recherchiere das und stelle die Info dann ins Intranet, okay?«

FRITZE: Und was wäre das ALLERschlimmste, was passieren könnte?

ANGSTHÄSCHEN: Wir beleidigen aus Versehen den Vorstand, bekommen eine Abmahnung und alle zeigen mit dem Finger auf uns.

FRITZE: Und was wäre dann?

ANGSTHÄSCHEN: Wir würden uns wohl einen neuen Job suchen.

FRITZE: Also auch das würden wir überleben.

ANGSTHÄSCHEN: Jetzt übertreib' nicht. Unser Leben steht ja nun nicht auf dem Spiel.

FRITZE: Da hast du recht. Mit was für einem Gefühl denkst du nach den ganzen Worst-Case-Szenarien an die Präsentation?

ANGSTHÄSCHEN: Egal, was passiert, wir kommen damit schon klar. Unseren Job dürfen wir wohl behalten und am Leben bleiben wir auf jeden Fall.

MUTMACHER: Na, dann können wir uns ja angstfrei an die Vorbereitung machen.

FRITZE: Hast du dich eigentlich schon beim Angsthäschen bedankt?

MUTMACHER: Wie bitte?

FRITZE: Ohne einen Funken Angst würden wir uns inhaltlich und mental viel zu nachlässig vorbereiten und dann in der Präsentation vielleicht ins Schleudern geraten.

MUTMACHER: Auch wieder wahr. Danke Dir, Angsthäschen!

ANGSTHÄSCHEN: Gern geschehn. Jetzt aber ran an die Präsentation …

AUF DEN PUNKT

Wegweiser aus der Grübelfalle:

Angst verschwindet nicht, indem Sie sich wegen ihr verurteilen, sie wegwischen oder bagatellisieren. Akzeptieren Sie Ihre Angst. Sie ist ein Gefühl wie jedes andere und verdient Beachtung. Finden Sie die gute Absicht hinter der Angst. Tatsächlich bewahrt uns unsere Angst vor unangenehmen oder gefährlichen Situationen. Außerdem kann sie ein starker Antreiber sein, z. B. die Präsentation gut vorzubereiten. Nehmen Sie Ihre Angst an und stellen Sie sich ihr. Spielen Sie in Gedanken das schlimmste Ende durch und überlegen Sie (in Ruhe), wie Sie sich aus der Situation retten könnten. Malen Sie düstere Szenarien an die Wand – bis Ihnen nichts mehr einfällt. In Ihrer Vorstellung bewältigen Sie nun die gefürchteten Situationen. Sie wissen nun, wie Sie damit fertig würden. Sie gewinnen Sicherheit und Vertrauen in sich, weil Ihnen Lösungen einfallen. Sie erkennen: Egal, was passiert – Ihr Leben, Ihre Existenz ist nicht bedroht.

So gehen Sie vor, wenn Sie Angst spüren:

1 Akzeptieren Sie die Angst und fragen Sie:

2 Wozu ist die Angst gut?

3 Wovor genau habe ich Angst? Was wäre das Schlimmste, was mir

3. Wovor genau habe ich Angst? Was wäre das Schlimmste, was mir passieren könnte? Was noch? (Worst-Case-Szenarien)

4. Wie kann ich mich in diesen schlimmsten Fällen retten?

5. Werde ich überleben?

Noch eine Stimme:
> *Nichts geschieht ohne Risiko. Aber ohne Risiko geschieht auch nichts.*
>
> WALTER SCHEEL

UMZIEHEN FÜR WURZELSCHLAGER:

Wie Sie Veränderungen lieben lernen

◉

Donnerstagvormittag, 10:46 Uhr, im Büro: Sie haben sich gerade an Ihren Platz gewöhnt, da kommt die Ansage vom Chef: Umzug in ein neues Büro. Und zwar morgen.

Da melden sich Ihre inneren Stimmen zu Wort:

Oh je!

Oha! Wie spannend!

Du bist wohl **der Abenteurer**?

Und du bist offensichtlich **das Gewohnheitstier**.

In der Tat. Ich will nicht in ein neues Büro umziehen. Da kennen wir niemanden.

Eine tolle Chance, neue Kollegen kennen zu lernen.

Was, wenn wir uns mit denen nicht verstehen?

Gehen wir doch erst mal vom Besten aus: Wahrscheinlich sind die super nett.

Aber die Teeküche ist viel weiter weg.

Jeder Gang macht schlank.

Und hier schauen wir auf den schönen Baum vor dem Fenster. Wer weiß, wie die Aussicht im neuen Büro ist …

Vielleicht noch schöner …

Wir haben uns hier so gut eingerichtet. Ob wir im neuen Zimmer genug Platz für unsere Sachen haben?

Wenn nicht, finden wir eine Lösung. Statt uns Sorgen zu machen, sollten wir uns freuen: Für unsere neuen Kollegen können wir eine Schnittstelle zu unserem Fachgebiet sein.

Ja, ja. Und dann sollen wir dieses neue Programm lernen. Dabei haben wir uns gerade erst an das Alte gewöhnt.

Seit fünf Jahren arbeiten wir damit! Zeit für was Neues. Das bringt unsere Gehirnzellen in Schwung.

Du meinst also, das Gewohnheitstier soll sich über den Umzug ins neue Büro freuen?

Ja, das ist doch spannend. Wer schaltet sich da ein?

Na ich bin's, **die Fritze**! Und warum freust du dich nicht, Gewohnheitstier?

GEWOHNHEITSTIER: So viel Ungewohntes ist zu viel Stress!

ABENTEURER: Da hast Du's.

FRITZE: Aber das Gewohnheitstier hat auch Recht. Veränderungen bereiten uns Stress. Wir sehnen uns eben auch nach Sicherheit, Stabilität und Geborgenheit.

GEWOHNHEITSTIER: Siehste! Alles soll bleiben wie es ist.

ABENTEURER: Wie langweilig! Wenn wir immer nur in unseren Routinen leben, entwickeln wir uns nicht weiter.

FRITZE: Auch richtig.

ABENTEURER: Und das Leben besteht nun mal aus Veränderungen.

FRITZE: Und es hängt davon ab, wie wir mit den Veränderungen umgehen.

ABENTEURER: Immer positiv natürlich! Immer ran an das Neue! Immer mitmachen!

GEWOHNHEITSTIER: Bist du wahnsinnig? Erinnerst du dich daran, als du unbedingt bei diesem Aktien-Hype einsteigen wolltest? Von wegen immer ran ans Neue … Ohne mein Bremsen wäre das Geld jetzt weg.

FRITZE: Jedes Risiko einzugehen, ist auch nicht sinnvoll.

GEWOHNHEITSTIER: Ohne mich hätten wir uns schon ein paar Mal auf die Schnauze gelegt.

ABENTEURER: Und dafür willst du ein Verdienstkreuz? Ohne meine Initiative hätten wir nie die Fortbildung absolviert und würden heute noch Akten schieben.

FRITZE: Ihr seid beide wichtig. Der Abenteurer sucht Herausforderungen, an denen wir wachsen können. Und das Gewohnheitstier sorgt für Stabilität und Sicherheit. Wenn Ihr gut zusammenarbeitet, haben wir beides: Eine gesunde Entwicklung und Stabilität.

ABENTEURER: Das widerspricht sich doch! Wir entwickeln uns nicht weiter, wenn wir alles so lassen wie es ist.

GEWOHNHEITSTIER: Und wir fühlen uns nicht sicher, wenn alles neu ist.

FRITZE: Ihr denkt nur in »entweder oder«. Was ist denn mit »sowohl als auch«?

ABENTEURER: Wie soll das funktionieren?

FRITZE: Indem Ihr in neue Herausforderungen kleine Routinen einbaut und in die Routinen kleine Herausforderungen.

GEWOHNHEITSTIER: Hä?

FRITZE: Für Dich, liebes Gewohnheitstier, platzieren wir auf unserem neuen Schreibtisch dieselben Fotos wie auf dem Alten. Und wir kochen uns morgens wie gewohnt unseren Lieblingstee. Auch wenn die Teeküche jetzt weiter weg ist.

GEWOHNHEITSTIER: Na klar!

FRITZE: Sobald du dich sicher fühlst, begegnen wir neuen Kollegen viel offener.

ABENTEURER: Und dann können wir meine Abenteuerlust ausleben, Neues entdecken und ausprobieren.

FRITZE: Und du sprichst deine Abenteuer mit dem Gewohnheitstier ab, um die Risiken abzuwägen.

ABENTEURER: Schluss mit »Oh je!« Das verbreitet schlechte Stimmung.

GEWOHNHEITSTIER: Stimmt: »Aha, ich bin gespannt, wie wir in der neuen Umgebung meine liebgewonnen Gewohnheiten etablieren können«, fühlt sich auch gleich viel besser an.

ABENTEURER: Und »Aha, ich bin gespannt, wie die neuen Kollegen sind und wie das neue Programm funktioniert«, hört sich abenteuerlustig an.

AUF DEN PUNKT

Wegweiser aus der Grübelfalle:

Leben bedeutet Veränderung. Zu viel Veränderung weckt in uns ein Bedürfnis nach Routinen und Sicherheiten. Zu wenig Veränderung hingegen machen uns entweder träge oder motiviert uns, etwas

Neues auszuprobieren. Wir haben die Wahl, wie wir auf Veränderungen reagieren: Wehren wir uns? Und wenn ja, zu welchem Preis? Birgt die Veränderung neue Chancen? Bedeutet diese Veränderung tatsächlich Verschlechterung? Oder vielleicht eine Verbesserung? Beobachten Sie, wie Sie auf Veränderungen reagieren. Mit »Ohje!« oder mit »Aha!«?

»Aha« drückt Neugierde aus. Neugierige Menschen wundern sich, entdecken immer wieder Spannendes und öffnen sich dem Unbekannten. Durch Neugierde lernen wir, entwickeln uns weiter und kommen auf Ideen. Sie holen aus jeder Veränderung das Beste für sich heraus.

»Ohje« drückt Angst aus. Ängstliche Menschen bewerten eine Veränderung sofort negativ und fühlen sich als Opfer: Ohnmächtig und ausgeliefert. Keine gute Voraussetzung, um die Chancen der Veränderung zu nutzen.

Wer Veränderungen mit Skepsis oder gar Angst begegnet, verpasst Chancen, sich weiterzuentwickeln.

Entscheidend für unser Leben ist die Balance zwischen Veränderung und Sicherheit. Prüfen Sie regelmäßig: Wo brauche ich mehr Routine und Sicherheit? Und wo kann ich mehr Abwechslung und Veränderung gebrauchen, um mich weiterzuentwickeln? Überlegen Sie, was Sie konkret dafür tun können. Und dann: Tun Sie es!

Noch eine Stimme:

O wie gut erginge es manchen Menschen, wenn sie einmal aus ihrem Geleise herauskämen.

LUCIUS ANNAEUS SENECA

FAKTEN FÜR FANTASTEN:

Wie Sie ohne Ihre Brille besser sehen

Montagabend, 17:52 Uhr, in der Teeküche: Kurz vor Feierabend. Sie räumen Ihre Tasse in die Spülmaschine und werfen Ihren Teebeutel in den Abfall. Da hören Sie Schritte hinter sich. Sie drehen sich um: Ein Fremder nickt Ihnen zu. Das muss der neue Kollege sein.

Da melden sich Ihre inneren Stimmen zu Wort:

Schaut aber nicht gerade happy drein, der Gute. Neue Kollegen, neue Aufgaben – überfordert ihn wohl etwas.

Woher willst du das wissen?

Das liegt doch nahe!

Du interpretierst zu viel.

Ich bin ja auch **die Interpretin**. Und du bist bestimmt der faktenverliebte **Beobachter**.

Genau der bin ich. Fragen wir den Neuen doch einfach, wie es ihm hier so geht, dann wissen wir, was Fakt ist.

»…«

Ein nichtssagendes »gut«. Wahrscheinlich traut er sich nicht zu sagen, wie schlecht es ihm wirklich geht. Ist jedenfalls nicht gerade gesprächig.
Dann fragen wir ihn, bei welcher Firma er vorher war. Vielleicht kommt da mehr.

»…«

Mehr als drei Wörter bekommt der nicht raus. Hat wahrscheinlich psychische Probleme. Kontaktängste oder so.

Vielleicht ist er einfach nur schüchtern.

Er schaut uns kaum in die Augen, starrt immer nur zur Tür. Wahrscheinlich sucht er nach Fluchtmöglichkeiten. Er kann uns nicht leiden. Wie unangenehm!

Fakt ist: Wir reden viel und er redet wenig. Wenn wir die Situation als unangenehm empfinden, liegt das an DEINER Interpretation.

Das ist doch offensichtlich: Er mag uns nicht. Ist okay, damit kann ich leben.

Konzentrieren wir uns auf die Fakten: Er schaut oft zur Tür. Aber das kann alles Mögliche bedeuten!

Er sieht blass aus und hat Augenringe! Kein Wunder bei DEM Job.

Woher willst du wissen, dass die Augenringe vom Job kommen? Vielleicht hat er das Wochenende durchgefeiert?

Ach, schau mal … unsere Kollegin kommt rein. Was für eine herzliche Begrüßung! Wahrscheinlich hat er auf sie gewartet und deshalb zur Tür geschaut. Sie duzen sich sogar. Und wie sie ihn anlächelt! Wahrscheinlich will sie was von ihm. Na, das nenne ich Tempo. Der ist doch erst eine Woche hier.

Woher willst du wissen, dass sie sich erst eine Woche kennen?

Weil er seit einer Woche bei uns ist, du dreimalkluger Beobachter!

Und wieso bist du dir so sicher, dass sie keine alten Bekannten sind? Vielleicht haben sie zusammen studiert? Oder sie kennen sich vom Sport?

Sieh' doch seine rosigen Wangen, du Profi-Beobachter. Keine Spur mehr von Blässe. Na, das ist ja ein feiner Kerl. Kaum in der neuen Firma, gräbt er die nächstbeste Kollegin an. In seiner alten Firma hat er wohl alle durch.

Eins muss ich dir lassen: Du hast Fantasie. Also komm, verziehen wir uns. Feierabend!

Räumen wir noch die Spülmaschine aus und lauschen ein wenig. Jetzt verstehe ich:, Wir passen nicht in sein Beuteschema. Wir sind nicht blond. Mit der Kollegin hat er leichtes Spiel. Aber das wird eh nix. Sie tut nur so charmant und selbstbewusst. Tief in ihrem Inneren ist sie prüde und unsicher.

Wir sehen nur, dass die zwei sich angeregt unterhalten. Und du fantasierst gleich los. Wahrscheinlich verliebt er sich dann noch in ihre Schwester, die aber verheiratet ist. Es beginnt in der Teeküche und endet als großes Familiendrama. Hollywoodfilme sind nichts gegen deineFantasie!

Sie ist Einzelkind – wie man an Ihrem Sozialverhalten merkt.

So, so.

Still! Sie wollen das Sommerfest gemeinsam organisieren. Na, klar! Da müssen sie ganz viel Zeit miteinander verbringen, sich auch mal privat treffen und so.

Hör' doch genau zu: »So wie damals die Abi-Party!« Offensichtlich haben sie zusammen Abitur gemacht. Da hast Du`s: Alte Schulfreunde. Und du hast dir schon die spektakulärste Liebesgeschichte seit »Titanic« ausgedacht.

So bin ich eben. Können wir jetzt nach Hause gehen? Wir haben Feierabend.

Gut beobachtet!

Ha, ha, ha. Sehr witzig.

Ihr habt beide Grund zum Lachen!

Entschuldigung? Mit wem haben wir denn die Ehre?

Na ich bin's, **die Fritze**. Und ich bin froh, dass es Euch beide gibt. Denn wir müssen genau beobachten, um für alle Chancen offen zu sein und wir müssen interpretieren, um schnell reagieren zu können.

BEOBACHTER: Die Interpretin sieht die Welt nur aus ihrer Sicht. Das Leben bietet aber verschiedene Perspektiven.

FRITZE: Deswegen ist es gut, dass du wertfrei auf die Fakten achtest. Tatsächlich ist die Wirklichkeit manchmal ganz anders, als wir denken. Schauen wir mal den Mann an, der mit seinem Hund auf der Decke vor dem Supermarkt sitzt.

BEOBACHTER: Er hat nur einen Schuh an.

INTERPRETIN: Seinen anderen Schuh hat er sicher verloren und ein neues Paar kann er sich nicht leisten. Wahrscheinlich ist er obdachlos. Der Hund sieht mager aus. Hat wohl länger nichts mehr zu essen bekommen. Genau wie der Mann ...

BEOBACHTER: Das kannst du doch gar nicht alles wissen!

FRITZE: Werfen wir ihm ein bisschen Kleingeld in seine Dose und fragen ihn, warum er nur einen Schuh anhat.

»...«

BEOBACHTER: Da hast Du's. Er hat keinen Schuh verloren, sondern einen gefunden!

INTERPRETIN: Du hältst mich für überflüssig.

FRITZE: Das hast du schon wieder interpretiert. Niemand sagt, dass du überflüssig bist.

INTERPRETIN: Der Beobachter sieht nur die Fakten! Ich dagegen merke mir viele Informationsmuster. Oft interpretiere ich sie genau richtig. Und dann hilft es, wenn ich die Situation schnell einschätzen kann. Ohne mich hätten wir dem Mann kein Geld in seine Dose geworfen.

FRITZE: Du hast richtig interpretiert, dass der Mann auf Geld hofft, obwohl er nichts gesagt hat, sondern nur die Dose da stand.

INTERPRETIN: Du, Beobachter, hättest nur festgestellt, dass da ein Mann mit einem Hund, einem Schuh und einer Dose sitzt.

BEOBACHTER: Okay, deine Interpretationen helfen auch.

INTERPRETIN: Das interpretiere ich jetzt mal als Schritte in Richtung Versöhnung.

FRITZE: Ihr könnt Euch gegenseitig bereichern. Es ist nur wichtig zu unterscheiden, wann wir uns auf Fakten konzentrieren sollten und wann Interpretationen hilfreich sind. Wenn wir uns nicht sicher sind, können wir einfach nachfragen.

INTERPRETIN: In der Teeküche hätten wir einfach nachfragen können, ob die beiden sich schon länger kennen. Aber ich habe meine Interpretationen einfach mal fließen lassen.

FRITZE: Sobald du uns mit Deinen Interpretationen quälst oder wir unfaire Bemerkungen über andere machen, sollten wir auf den Beobachter hören, der sich auf die reinen Fakten konzentriert.

INTERPRETIN: Zugegeben: Der Gedanke daran, dass uns der neue Kollege vielleicht nicht mag, hat mich geärgert.

FRITZE: In so einer Situation kann uns der Beobachter andere Möglichkeiten für das Verhalten des Kollegen aufzeigen. Achtet gegenseitig auf Euch, dann findet Ihr eine gute Balance zwischen Fakten und Interpretationen.

AUF DEN PUNKT

Wegweiser aus der Grübelfalle:

Statt die reinen Fakten einer Situation wahrzunehmen, neigen wir häufig dazu, schnell zu interpretieren. In unserem Kopf läuft ein Fim und wir selbst führen Regie. Einzige Perspektive: Unsere eigene. Wir sehen ein Liebesdrama – glauben aber, es sei die Wahrheit. So entfernen wir uns von der Realität und verstricken uns in der Welt unserer Annahmen und Interpretationen. Dummerweise sind wir der einzige Zuschauer unseres Films und unsere Mitmenschen handeln selten nach unserem Drehbuch. Ein Happy End bleibt so ausgeschlossen.

Entlarven Sie Ihre Interpretationen – besonders wenn Sie sich unwohl fühlen. Fragen Sie sich zum Beispiel: Wie habe ich diese Situation interpretiert, dass ich mich jetzt so unwohl fühle? Fragen Sie dann: Wie könnte ich diese Situation anders interpretieren? Konzentrieren Sie sich anschließend nur auf die tatsächlichen Fakten.

Ein Beispiel: Sie kommen morgens etwas später als sonst an Ihren Arbeitsplatz und finden eine Haftnotiz von Ihrem Chef: »Bitte kommen Sie gleich in mein Büro!« Welche Gefühle steigen auf? Wie interpretieren Sie diese Notiz? Worum könnte es gehen? Und worum noch? Und was ist die Tatsache? Sie wissen: Ihr Chef möchte, dass Sie gleich in sein Büro kommen. Über den Grund haben Sie keinerlei Information.

Wenn unangenehme Gefühle in Ihnen hochkommen: Konzentrieren Sie sich auf die Tatsachen, auf die inhaltliche Ebene von Aussagen.

Noch eine Stimme:
> *Denken ist schwer, darum urteilen die meisten.*
> CARL GUSTAV JUNG

BONI NICHT NUR FÜR MANAGER:

Wie Sie sich lohnend belohnen

◉

Dienstagnachmittag, 14:06 Uhr, auf der Shoppingmeile: Sie kommen von einem Gespräch mit einer schwierigen Kundin. Und Sie haben es tatsächlich geschafft: Der Kaufvertrag ist unterschrieben. Zeit für eine Belohnung …

Da melden sich Ihre inneren Stimmen zu Wort:

Jetzt machen wir erst mal eine kleine Pause und trinken ein leckeres Heißgetränk.

Wir können uns ja beim Bäcker einen Kakao »to go« kaufen.
Ach, nööö. Wir haben uns was Besseres verdient. Nicht weit von hier ist doch dieses Café mit dem riesigen Angebot …

… und den riesigen Preisen!

Da gibt es heiße Schokolade mit einem Schuss Orangenlikör. Genau darauf habe ich Lust!

Organgenlikör? Mitten am Tag? Hast du sie noch alle?

Wer will uns dieses Vergnügen überhaupt nehmen?

Ich bin **das Sparschwein** und achte darauf, dass wir unser Geld nicht zum Fenster rauswerfen..

Wir werfen es nicht zum Fenster raus. Wir gönnen uns etwas Leckeres.

Dann bist du wohl **die Gönnerin**.

Allerdings. Und ich möchte, dass wir eine heiße Schokolade in dem gemütlichen

Café trinken. Das haben wir uns verdient.

Dir ist klar, dass wir für dieses Geld ein Mittagessen inklusive Nachtisch bekommen?

Beim Falafel-Mann um die Ecke. Ich will aber, dass wir eine heiße Schokolade trinken.

Geldverschwendung!

Nicht, wenn wir uns damit etwas Gutes tun.

…

Was für ein Genuss!

Für den Kassierer!

Ach, sei ruhig, du vermiest uns nur unsere Belohnung. Komm, wir wollten noch ein Geschenk für unsere Kollegin kaufen. Die hat morgen Geburtstag.

Aber nur eine Kleinigkeit.

Eine kleine Aufmerksamkeit. Ein schönes Buch oder so.

Uns hat sie einen Blumentopf geschenkt.

Das war vor einem halben Jahr. Da kannten wir uns noch nicht so gut. Sie liebt Venedig. Wir schenken Ihr einen Fotoband über Venedig.

Weißt du was das kostet? Auf zum Tisch mit den Sonderangeboten.

Ach, guck einer schau. Den Roman haben wir vor ein paar Jahren im Urlaub gelesen. Der war wirklich gut.

Prima Idee! Der ist heruntergesetzt.

Na gut. Der Roman gefällt ihr bestimmt. Das Fünf-Euro-Sonderpreisschild können wir leicht abmachen.

Und lass es gleich einpacken, dann müssen wir kein Geschenkpapier kaufen.

So, weiter geht's.

…

Halt! Lass uns kurz ins Schaufenster gucken.

Kurz!

Ooooh! Schau dir diese Pumps an! Sind die nicht bezaubernd?

Bitte weitergehen, es gibt hier nichts Interessantes zu sehen.

Solche Schuhe suchen wir seit Monaten.

Wir besitzen bereits schwarze Schuhe.

Aber nicht solche! Nicht diese! Ich will sie anprobieren.

Schluss!

Du bist definitiv ein männliches Sparschwein!

Wir kaufen nur Schuhe, wenn wir sie wirklich brauchen.

Nein, wir dürfen uns auch Schuhe gönnen, wenn wir uns belohnen möchten! Zum Beispiel für dieses ewig lange Kundengespräch heute.

Dafür haben wir schon 'nen heißen Kakao getrunken.

Du bist gemein und geizig!

Ich kenn' Dich: Das mit dem Anprobieren ist ein Trick! Im Geschäft heißt es dann nämlich »der passt wie angegossen, das ist meine Chance und mein Schuh!« Oder »Oh Mist, der passt nicht, aber guck mal, da gibt's noch einen anderen, der ist doch auch schön … «. Am Ende tragen wir mindestens eine Tüte hier raus.

Gar nicht immerzu! Nur manchmal. Es tut mir eben gut, schöne Schuhe zu kaufen.

Was genau daran tut dir denn gut?

Na, die Schuhen stehen uns total. Mit ihnen fühlen wir uns gut und irgendwie ein bisschen neu. Was ist das für eine Frage und wer zum Geier bist Du?

Na, ich bin's, **die Fritze**. Und wofür belohnst du uns?

GÖNNERIN: Für kleine oder größere Erfolge. Es ist eine Würdigung unserer selbst.

SPARSCHWEIN: Lächerlich!

FRITZE: Wenn die Gönnerin dafür sorgt, dass wir uns würdigen und uns etwas gönnen, findest du das wirklich lächerlich?

SPARSCHWEIN: Lächerlich teuer!

FRITZE: Und Du, liebes Sparschwein, was ist dir wichtig?

SPARSCHWEIN: Für unsere Sicherheit brauchen wir ein finanzielles Polster. Ich will ja nicht, dass wir eines Tages die Miete nicht mehr zahlen können.

FRITZE: Ich bin froh, dass es Euch beide gibt. Hätten wir nur einen von Euch, wären wir vermutlich zu geizig, um uns auch mal was Schönes zu gönnen oder wir wären chronisch pleite.

GÖNNERIN: Hmm. Es wäre auch nichts Besonderes mehr, wenn wir uns ständig belohnen würden.

SPARSCHWEIN: Na gut. Ab und an gönnen wir uns etwas, wenn es uns ein gutes Gefühl gibt. Aber es muss im finanziellen Rahmen bleiben. Es gibt genug, was uns gut tut und fast kein Geld kostet!

FRITZE: Zum Beispiel?

SPARSCHWEIN: Gemütlich etwas lesen, Musik hören, joggen, ein Spieleabend mit Freunden, ein Videoabend auf der Couch. Manchmal sind zehn Minute absolute Ruhe und Entspannung unvorstellbar wertvoll. Und Kakao können wir auch zu Hause trinken.

GÖNNERIN: Heiße Schokolade! Und die schmeckt manchmal in einem gemütlichen Café einfach besser. Und was ist mit den Schuhen hier?

SPARSCHWEIN: Du musst versprechen, dass wir nur DIESE Schuhe probieren. Passen die nicht, gehen wir.

GÖNNERIN: Und wenn Sie passen, kaufen wir sie.

SPARSCHWEIN: Dann verhandeln wir.

GÖNNERIN: Stimmt, vielleicht bekommen wir sie günstiger.

SPARSCHWEIN: Das ist auch einen Versuch wert. Aber vorher verhandeln WIR zwei noch mal.

AUF DEN PUNKT

Wegweiser aus der Grübelfalle:

Wir brauchen Anerkennung und bekommen sie nicht immer von anderen. Belohnungen motivieren: »Wenn ich ... erreicht habe, gönne ich mir ...« Dieses Prinzip funktioniert aber nur, wenn die Belohnung etwas Besonderes bleibt und nicht zum Alltag wird. Wer sich belohnt und würdigt, stärkt sein Selbstwertgefühl. Nehmen Sie Ihre Erfolge – auch die kleinen – bewusst war: Klopfen Sie sich auf die Schulter und gönnen Sie sich etwas. Legen Sie eine persönliche Belohnungsliste an. Halten Sie darauf fest, was Ihnen gut tut. Sowohl Ihr Sparschwein, als auch Ihre Gönnerin sollten auf dieser Liste etwas finden.

Ein paar Vorschläge: Spazieren gehen, ein leckeres Getränk, ein Stück Schokolade, ein heißes Bad, Musik hören ...

Noch eine Stimme:
> *Was man sparen nennt, heißt nur, einen Handel für die Zukunft abschließen.*
>
> GEORGE BERNARD SHAW

LÄSSIGKEIT FÜR PERFEKTIONISTEN:

Wie Sie die beste Rede aus sich herausholen

Donnerstagnachmittag, 16:00 Uhr, am Schreibtisch: Ihre Chefin feiert bald ihren Abschied und Sie halten die Rede. Nur geschrieben werden muss sie noch …

Da melden sich Ihre inneren Stimmen zu Wort:

Nächsten Freitag ist schon ihre Verabschiedung. Wie fangen wir nur mit der Rede an?

Ach, einfach irgendwie. Das wird schon.

Einfach IRGENDWIE!? du machst wohl Witze. Wer bist du überhaupt?

Ich bin **der Augenzudrücker**.

Soso. Ich bin **die Perfektionistin**. Gerade der Anfang unserer Rede muss perfekt sitzen. Da können wir kein Auge zudrücken.

Du grübelst und grübelst, und wir kommen nicht voran.

Im Internet gibt es bestimmt Tipps für eine perfekte Rede.

Das kann dauern.

Wir sollten uns eine Hauptaussage überlegen. Eine Themensammlung kann auch nicht schaden. Und wir brauchen einen guten Aufbau.

Wir schreiben keine Doktorarbeit, sondern ein paar freundliche Worte zum Abschied. Formulieren wir doch einfach aus dem Bauch heraus.

Das Ergebnis wäre bestenfalls durchschnittlich.

Wenigstens würden wir nicht mehr auf's weiße Blatt starren.

Lesen wir ein paar Abschiedsreden durch und analysiere ihren Aufbau ... Oh, ich hab eine Idee ...

Heureka!

Nein, das ist nicht gut genug.

Schreiben wir die Idee doch erst mal hin.

Der Gedanke ist noch nicht ausgereift.

Mit diesem Perfektionsanspruch haben wir bis Freitag noch keinen Satz geschrieben.

Wir liegen perfekt im Zeitplan.

Ich ahne wie das endet. Wenn wir Pech haben, kommt bald der Aufschieber und lenkt uns ab. Dann ist es nur eine Frage Zeit der bis die Kollegen Angsthäschen und Jammerlappen aufkreuzen und vor allem eins perfekt machen: Das Chaos.

Na, das wollen wir lieber vermeiden. Welche Absicht verfolgst du denn, liebe Perfektionistin?

Ich will eine perfekte Abschiedsrede für unsere Chefin. Wer fragt das?

Na, ich bin's, **die Fritze**. Und was willst du mit dieser Rede erreichen?

PERFEKTIONISTIN: Alle sollen begeistert sein. Niemand darf unsere Rede kritisieren.

FRITZE: Das sind gute Absichten. Du möchtest uns vor Kritik schützen und Anerkennung für uns einheimsen?

PERFEKTIONISTIN: Ich möchte, dass wir das Bestmögliche rausholen.

FRITZE: Und Du, lieber Augenzudrücker? Welche Absicht verfolgst Du?

AUGENZUDRÜCKER: Vor allem will ich, dass wir mal anfangen. Wir sollten darauf vertrauen, dass es schon klappt. Bei der Rede können wir ja auch spontan sein. Wir müssen nicht alles bis ins kleinste Detail vorbereiten.

FRITZE: Dir ist also wichtig, dass wir vorankommen und du vertraust auf unsere Fähigkeiten. Außerdem möchtest du Raum für Spontaneität.

AUGENZUDRÜCKER: Wir können Fünf auch mal gerade sein lassen.

FRITZE: Für eine gute Rede arbeitet Ihr am besten Hand in Hand.

PERFEKTIONISTIN: Wie soll das gehen?

FRITZE: Du, liebe Perfektionistin, gibst dich für den Anfang mit 70 Prozent zufrieden. So können wir mit Hilfe des Augenzudrückers einfach mal losschreiben. Und Du, lieber Augenzudrücker, erlaubst der Perfektionistin, dass wir hinterher den Feinschliff machen und den Text überarbeiten bis er perfekt ist.

AUGENZUDRÜCKER: Der Text wird nie fertig, wenn wir ewig daran rumverbessern. Für die Perfektionistin ist es ja nie perfekt genug.

PERFEKTIONISTIN: Natürlich!

FRITZE: Dein hoher Anspruch sorgt dafür, dass die Rede klasse wird. Aber irgendwann haben wir keine Zeit mehr, die Rede zu überarbeiten. Und dann, liebe Perfektionistin, hörst du auf den Augenzudrücker und wir vertrauen darauf, dass es gut wird.

PERFEKTIONISTIN: Jetzt verstehe ich, wie wichtig du bist, lieber Augenzudrücker. Anfangen fällt viel leichter, wenn ich weiß, dass wir später alles noch perfektionieren können. Da fällt mir schon ein möglicher Einstieg ein …

AUGENZUDRÜCKER: Na, dann schreiben wir den Gedanken erst mal ganz unperfekt auf. Ich bin gespannt darauf, wie du ihn später perfektionierst. Übrigens: Auch ich bin froh, dass es dich gibt. Dank dir holen wir das Beste aus uns raus. Und ich bitte Dich, dass du dich perfekt an unsere Vereinbarung hältst.

AUF DEN PUNKT

Wegweiser aus der Grübelfalle:

Oft wollen wir der oder die Beste sein. Das motiviert uns. Ein gesundes Maß an Planung bringt uns diesem Ziel näher. Übertriebener Perfektionismus bremst uns jedoch. Wir fangen gar nicht erst an oder wir werden nie richtig fertig. Ein Teufelskreis entsteht: Was wir auch tun, es ist niemals gut genug. Wir geraten unter Zeitdruck. Unser Perfektionismus erhöht den Stress, schließlich könnten wir es immer noch besser machen.

Grund für unseren Perfektionismus sind häufig Unsicherheit und mangelndes Selbstvertrauen. Eine innere Haltung, die besagt: »Ich bin nicht gut genug« und »ich darf auf keinen Fall etwas falsch machen«. Dahinter steckt oft ein unerfülltes Bedürfnis nach Beachtung und Anerkennung. Perfektionisten wollen alles kontrollieren – vor allem die beängstigenden Dinge – und sich so vor Kritik schützen. Sie denken oft in Schwarz-Weiß-Kategorien: Nicht perfekt sein bedeutet Versagen. Oberstes Ziel des Perfektionisten: Vermeidung von Fehlern.

Bald treten sie nur noch auf der Stelle. Sie grübeln viel, schieben Entscheidungen auf und reagieren empfindlich auf Kritik und Druck.

Übertriebener Perfektionismus führt genau dazu, was Perfektionisten fürchten: Chaos. Wer die Beendigung einer Aufgabe immer wieder aufschiebt, weil die Lösung noch nicht perfekt ist, dessen Zeitmanagement gerät ins Schleudern.

So vermeiden Sie ungesunden Perfektionismus:

1 Setzen Sie realistische Erwartungen.

2 Behalten Sie das große Ganze im Auge (anstatt sich in Details zu verzetteln).

3 Rechnen Sie mit Fehlern. Fehler machen klug, drum ist einer nicht genug!

4 Bitten Sie um Hilfe und Feedback.

5 Machen Sie es einfach. In doppeltem Sinne. Ihr Augenzudrücker hilft Ihnen dabei.

Wer seinen Perfektionismus angemessen einsetzt, kommt schnell und erfolgreich zum Ziel. Sie geben Ihr Bestes. Mehr können Sie nicht tun. Und: Sie können immer dazulernen, aber perfekt ist niemand.

Noch eine Stimme:
> *Ein Text ist nicht dann vollkommen, wenn man nichts mehr hinzufügen kann, sondern dann, wenn man nichts mehr weglassen kann!*
> ANTOINE DE SAINT-EXUPÉRY

STREITEN FÜR HARMONIESÜCHTIGE:

Wie Sie Ihre innere Autobahn verlassen

◉

Freitagvormittag, 11:32 Uhr, Konferenzraum: Sie stellen Ihrem Chef eine tolle Idee vor. Doch der wischt sie gleich vom Tisch. Nicht zum ersten Mal …

Da melden sich Ihre inneren Stimmen zu Wort:

Na, super. Jetzt sage ich nichts mehr.

Wenn du immer klein bei gibst, werden wir mit unserer Karriere nicht weit kommen. Warum blockierst du uns, wenn es drauf ankommt?

Wir sollten uns nicht mit unserem Chef anlegen. Du hast gut reden! Wer bist du überhaupt?

Ich bin **der Ehrgeizling**. Lass mich raten: Du bist **das Duckmäuschen**?

Wo genau liegt denn dein Problem, Ehrgzeizling?

Das Duckmäuschen ist viel zu sensibel. Da müssen wir doch drüberstehen, wenn der Chef so von oben herab kommt. Wer bist du denn überhaupt?

Na, ich bin's, **die Fritze**. Und was sollen wir stattdessen tun?

EHRGEIZLING: Für unsere Ideen kämpfen und zeigen, was wir drauf haben. Vielleicht sind unsere Vorschläge etwas revolutionär, aber genau das braucht dieser Laden.

FRITZE: Wie verhält sich der Chef konkret, dass du meinst, er behandele uns von oben herab, Duckmäuschen?

Duckmäuschen: Er guckt uns bedauernd über seine Brillengläser hinweg an und presst seine Lippen aufeinander. Dann sagt er zum Beispiel »Sie müssen doch inzwischen wissen, dass wir das in den letzten 25 Jahren immer so gemacht haben. Vertrauen Sie meiner Erfahrung«.

FRITZE: Und wie reagierst du darauf?

DUCKMÄUSCHEN: Ich fühle mich unsicher, eingeschüchtert und dumm.

FRITZE: Und was genau passiert mit uns, wenn du unsicher bist?

DUCKMÄUSCHEN: Wir lassen unsere Schultern hängen, senken den Blick und sprechen viel leiser. Wir sagen zu allem nur noch »Ja« und »Amen«. Er ist ja der Boss.

EHRGEIZLING: Wir müssen viel mehr an uns und unsere Kompetenzen glauben.

FRITZE: Mit der Strategie »Ja« und »Amen« vermeiden wir die Auseinandersetzung mit unserem Boss. Kannst du dich an andere Situationen erinnern, in denen sich diese Strategie bewährt hat?

DUCKMÄUSCHEN: Schon als Kind. Wir haben früh gelernt, unsere Meinung oder Bedürfnisse zurückzustellen, um Konflikten aus dem Weg zu gehen.

FRITZE: Wir haben uns dieses Verhaltensmuster angewöhnt, weil uns zwischenmenschliche Beziehungen so wichtig waren, dass wir sie nicht mit einem Konflikt belasten wollten.

DUCKMÄUSCHEN: Und heute noch aktiviert sich dieses Muster automatisch, sobald eine Person eine andere Meinung vertritt.

FRITZE: Wie sollten wir in der Situation lieber reagieren?

DUCKMÄUSCHEN: So sicher, selbstbewusst und souverän wie unser Chef. Das versuchen wir ja auch. Aber ehe wir uns versehen, rutschen wir wieder in dieses Verhaltensmuster. Voll automatisch.

FRITZE: Es kann klug sein, Auseinandersetzungen zu vermeiden. Nur wenn wir unseren Chef von neuen Ideen überzeugen wollen, scheint dieses Muster wenig nützlich.

EHRGEIZLING: So bleiben wir für alle die graue Maus. Tschüss Karriere!

FRITZE: Wir können den automatischen Rückfall in die Verhaltensmuster vermeiden.

EHRGEIZLING: Und wie behalten wir das Steuer in der Hand?

FRITZE: Eingefahrene Verhaltensmuster sind eine neurologische Autobahn …

EHRGEIZLING: Bitte was?

FRITZE: Eine Nervenzellen-Autobahn in unserem Gehirn. Häufig benutzte Nervenzellen feuern zusammen und bilden eine stabile Verbindung. Wir gewöhnen uns so sehr an die Fahrt auf dieser Autobahn, dass wir kleinere Wege und Trampelpfade rechts und links gar nicht mehr wahrnehmen. Und je mehr wir uns unter Druck setzen, desto schneller nutzen wir diese Autobahnen, fallen also in ein Verhaltensmuster zurück.

EHRGEIZLING: Können wir die Autobahn sperren?

FRITZE: Wenn das so einfach ginge. Zunächst sollten wir uns bewusst machen, dass es diese Autobahn gibt und herausfinden, wann wir sie automatisch nutzen.

DUCKMÄUSCHEN: Das ist einfach: Immer wenn jemand eine andere Meinung hat als wir und unseren Standpunkt einfach wegwischt. Am besten noch mit Worten, wie »Aber Sie müssen doch wissen …« Und wenn diese Person dann noch einen mitleidigen Blick aufsetzt, ist alles vorbei.

FRITZE: Die Kunst liegt darin, den Auslöser direkt mit einem Stopp-Schild zu verknüpfen. Wenn wir merken, dass der Auslöser aktiviert wurde, sagen wir »Stopp«! Wir halten an und nehmen uns selbst wahr. Wie reagiert unser Körper? Wie fühlen wir uns?

DUCKMÄUSCHEN: Unsere Kehle zieht sich zusammen, wir verspüren Druck auf der Brust, fühlen uns schlaff und ohnmächtig.

FRITZE: Wir akzeptieren all diese Symptome mit wohlwollender Gelassenheit und bekämpfen sie nicht. Wir beobachten uns selbst. Dann atmen wir bewusst, entspannen unseren Brustkorb und richten unseren Körper auf. Wir haben die Wahl: Autobahn oder Trampelpfad.

EHRGEIZLING: Trampelpfad natürlich!

FRITZE: Die Autobahn kann manchmal auch sinnvoll sein.

EHRGEIZLING: Okay, aber wie finden wir den Trampelpfad?

FRITZE: Wir fragen uns, was wir statt dieser automatischen Reaktion tun könnten. Wir streifen mit dem Blick durch die Landschaft und suchen gezielt andere Wege.

DUCKMÄUSCHEN: Zunächst nehmen wir eine selbstbewusste Körperhaltung ein. Dann sagen wir dem Chef: »Es ist schade, dass Sie unsere Vorschläge vom Tisch wischen. Wir fühlen uns nicht ernst genommen und verlieren die Lust an unserer Arbeit. Um das zu ändern, wünschen wir uns von Ihnen mehr Interesse an unseren Ideen.«

EHRGEIZLING: Na, das klingt doch gut!

FRITZE: Und je häufiger wir diesen neuen Weg gehen, desto einfacher und selbstverständlicher wird es für uns, in solchen Situationen souverän zu reagieren.

AUF DEN PUNKT

Wegweiser aus der Grübelfalle:

Bestätigen uns Erfolge in einem bestimmten Verhalten, wiederholen wir es immer wieder. Es entseht ein Automatismus: Unwillkürlich spulen wir immer wieder das gleiche Verhaltensmuster ab. Möglicherweise führt dieses Verhalten in einem anderen Kontext aber gar nicht zum Erfolg. Analsysieren Sie in diesem Fall Ihr Verhaltensmuster und überlegen Sie sich alternative Verhaltensmöglichkeiten. So vermeiden Sie die neurologische Autobahn und bauen neue neurologische Wege auf. Und das geht so:

1 Klären Sie, über welches Verhalten Sie sich ärgern. Was fühlen Sie? Welche Körperhaltung nehmen Sie ein, wenn Sie in das Verhaltensmuster fallen?

2 Fragen Sie sich, wann dieses Verhalten sinnvoll sein kann, bzw. in welchem Kontext Sie es vermutlich gelernt haben. Welches Bedürfnis konnten Sie damit befriedigen? Führt dieses Verhalten nun auch noch zum Ziel?

3 Finden Sie den Auslöser für das Verhaltensmuster. Was hören Sie? Was sehen Sie? Was muss passieren, damit Ihr »Knopf« gedrückt wird und der Automatismus anspringt?

4 Überlegen Sie, wie Sie in so einer Situation lieber reagieren würden. Welche Körperhaltung wäre besser für Sie? Was würden Sie sagen? Was würden Sie tun? Wie würden Sie es sagen oder tun? Welche innere Haltung hätten Sie? Auf welche Stärken könnten Sie zurückgreifen?

5 Bauen Sie ein mentales STOPP-Schild. Wann immer Sie künftig etwas wahrnehmen, was das Verhaltensmuster in Ihnen auslöst (siehe unter Punkt 3), rufen Sie innerlich STOPP. Atmen Sie tief ein und machen Sie eine kurze Pause. In Gesprächen wirken Pausen positiv. Ihr Gesprächspartner merkt, dass Sie das Thema beschäftigt. Um das innere STOPP sinnvoll einzusetzen, müssen Sie sich achtsam beobachten und wahrnehmen. Seien Sie absolut gegenwärtig bei sich im Hier und Jetzt.

6 Erinnern Sie sich an Ihre alternativen Verhaltensmöglichkeiten (Punkt 4) und wählen Sie eine neue Verhaltensweise. Sie bewegen sich nun jenseits der Autobahn. Seien Sie achtsam und neugierig, wie es sich auf diesem unbekannten Weg läuft. Erreichen Sie auf ihm Ihr Ziel, können Sie ihn immer wieder gehen und so zu einer neuen Autobahn ausbauen.

Noch eine Stimme:

> *Gewohnheiten machen alt. Jung bleibt man durch die Bereitschaft zum Wechsel.*
>
> ATTILA HÖRBIGER

AUFTANKEN FÜR ANTRIEBSLOSE:

Wie Sie Ihre Lebensgeister wecken

◉

Mittwochmorgen, 07:26 Uhr, am Küchentisch: Sie hängen total durch und würden diesen Tag gerne überspringen. Am besten im Bett mit der Decke über dem Kopf. Aber gleich wartet dieser Kundentermin auf Sie …

Da melden sich Ihre inneren Stimmen zu Wort:

Wir sind komplett neben der Spur. Ausgerechnet heute müssen wir diesen schwierigen Kunden besuchen.

Wer fehlt Dir?

Niemand. Am besten wir sitzen heute allein in unserem Kämmerlein. Du kannst wieder abziehen. Wer bist du überhaupt?

Na, ich bin's, **die Fritze**. Und ich bleibe lieber da.

Auch egal. Wenn es nach mir geht, bewegen wir uns heute gar nicht.

FRITZE: Oh, dann bist du **Schlappi**?

SCHLAPPI: Blitzmerker!

FRITZE: Warum willst du rumgammeln? Haben wir zu wenig geschlafen in den letzten Wochen? War viel zu tun?

SCHLAPPI: Na, klar. Oder auch nicht. Keine Ahnung. Wir hängen halt so rum.

FRITZE: Manchmal ist Rumhängen gut und wichtig.

SCHLAPPI: Ich dachte, du lässt dir etwas einfallen, damit wir in Schwung kommen.

FRITZE: Sollen wir denn wieder in Schwung kommen?

SCHLAPPI: Nee. Wir sollen faul rumhängen.

FRITZE: Viel Spaß!

Geht's noch? Gleich haben wir den Kundentermin!

FRITZE: Aha, das ist **der Antreiber**.

ANTREIBER: Höchste Zeit, dass ich uns in den Hintern trete. Schluss mit Rumhängen!

SCHLAPPI: Die Fritze sagt, Rumhängen kann auch gut und wichtig sein.

FRITZE: Das stimmt. Aber ich höre, dass wir etwas Wichtiges vorhaben. In diesem Fall sollten wir jetzt aktiv werden.

SCHLAPPI: Nööö!

ANTREIBER: Vielleicht wird das ja ein Abschluss. Dann gibt's Geld!

SCHLAPPI: Wir sind aber schlapp. Geld macht auch nicht glücklich!

ANTREIBER: Fritze, tu' doch was!

FRITZE: Worte und Geld locken Schlappi nicht aus der Reserve.

ANTREIBER: Wenn uns der Kunde so sieht, klatscht er sicher vor Begeisterung in die Hände.

FRITZE: Klatschen! Genau das ist es!

ANTREIBER: Hä?

FRITZE: Worte bringen uns nicht in Schwung, aber unser Körper. Los, wir klatschen!

SCHLAPPI: Mann, ist das 'ne Action hier! Und ein Lärm!

ANTREIBER: Kräftiger klatschen! Die Hände müssen kribbeln! Und jetzt ausschütteln. Da fließt die Energie doch schon.

FRITZE: Jetzt rubbeln wir uns die Ohren heiß. Dann trommeln wir uns wie ein Gorilla mit den Fäusten auf die Brust.

SCHLAPPI: Wie affig!

ANTREIBER: Es sieht keiner und es macht wach.

FRITZE: Nun kreisen wir mit den Fußgelenken. Gleich stehen wir nämlich auf!

SCHLAPPI: Muss das sein?

ANTREIBER: Rumhängen können wir später noch.

FRITZE: Füße hüftbreit, Gewicht gleichmäßig verteilt. Locker in den Knien. Kurz auf die Zehenspitzen stellen und unser Gleichgewicht checken. Arme strecken wir dabei ganz hoch nach oben. Noch höher. Schön recken und strecken. Und wieder senken. Und jetzt richten wir uns gerade auf, strecken das Brustbein und stecken die Schulterblätter in unsere hinteren Hosentaschen …

SCHLAPPI: Wir sind doch keine Schlangenmenschen!

FRITZE: Diese Vorstellung hilft uns, die Schulterblätter in die richtge Position zu bringen.

SCHLAPPI: Du arbeitest ja mit allen Tricks.

FRITZE: Jetzt kommt der beste Tipp: Wir singen!

SCHLAPPI: Und ich bin raus! Wir machen uns nicht zum Oberdepp! So unmotiviert können wir nicht singen.

ANTREIBER: Deshalb ja. Wer singt und gerade steht, hängt nicht wie ein Schluck Wasser in der Kurve.

FRITZE: Eins, zwei, drei: Froh zu sein bedarf es wenig und wer froh ist, ist ein König!

SCHLAPPI: Was für ein Tiefpunkt! Wie peinlich!

FRITZE: Gleich noch mal: Froh zu sein bedarf es wenig und wer froh ist, ist ein König.

ANTREIBER: Wow!

SCHLAPPI: Wie sollen wir bei diesem Tohuwabohu noch schlapp sein?

ANTREIBER: Wunderbar. Wir sind voller Energie. Auf zum Kunden. Der unterzeichnet gleich einen königlichen Abschluss.

SCHLAPPI: Na gut, aber heute Abend hängen wir wieder rum.

ANTREIBER: Wenn uns nichts Besseres einfällt, von mir aus.

AUF DEN PUNKT

Wegweiser aus der Grübelfalle:

Überprüfen Sie regelmäßig Ihre Körperhaltung. Wie stehen oder sitzen Sie gerade da? Wie wirkt diese Haltung auf Sie? Wir wirkt Sie auf Ihre Mitmenschen? Wollen Sie so wirken?

Wie sieht Ihre Körperhaltung aus, wenn Sie energievoll und gut drauf sind? Nehmen Sie diese Haltung jetzt mal bewusst ein. Verweilen Sie in dieser Haltung, spüren Sie in sie rein und sagen Sie: »Ich bin total schlapp und demotiviert«. Vermutlich fällt es Ihnen schwer, das überzeugend zu sagen oder auch nur zu denken. Ihr Körper signalisiert mit jeder Zelle: »Ich bin energiegeladen und motiviert«. Ihr Körper und die Wörter passen einfach nicht zusammen.

Und das ist der schnellste und effektivste Weg zu neuer Energie: Tun Sie so, als ob Sie bereits voller Energie wären. Richten Sie sich auf, bewegen Sie sich, singen oder pfeifen Sie ein Liedchen. Ihre Körperenergie aktiviert Ihre mentale Energie. Über die Körpersignale wird der gesamte neurologische »Gut-drauf-Bereich« aktiviert. Die Zellen beginnen zu feuern.

Es klingt einfach und das ist es auch. Einzige Bedingung: Entscheiden Sie, dass Sie gut drauf sein wollen und setzen Sie es um. Es ist gut zu wissen, wie man schnell zu Energie kommt. Genauso gut ist es zu wissen, dass man auch mal schlapp sein darf.

Hier nochmal das Energieprogramm im Überblick:

1 Aufrechte Haltung einnehmen.

2 Hände kräftig aneinander reiben oder klatschen, bis sie kribbeln.

3 Wie ein Gorilla mit den Fäusten auf die Brust trommeln.

4 Die Ohren rubbeln.

5 Fußgelenke kreisen.

6 Nach den Sternen greifen: auf den Zehenspitzen nach oben recken und strecken.

7 Schulterblätter in die hinteren Hosentaschen.

8 Ein Liedchen singen, summen oder pfeifen.

9 Wie beim Kochbuch gilt auch hier: Lesen macht nicht satt. Also, auf zur Tat!

Noch eine Stimme:

Wie man geht, so geht es einem. Und wie es einem geht, so geht man.
DR. GUNTHER SCHMIDT

LOCKERBLEIBEN FÜR SORGENKINDER:

Wie Sie aus einem Elefanten eine Mücke machen

◉

Samstagabend, 22:05 Uhr, im Wohnzimmer: Sie warten auf Ihre Tochter …

Da melden sich Ihre inneren Stimmen zu Wort:

Verdammt! Sie sollte doch um zehn Uhr zu Hause sein.

Es ist doch erst fünf nach.

Sie ist 15! Und sie muss endlich lernen, zuverlässig zu sein.

Ist sie ja meistens.

Bestimmt gab es auf der Party Alkohol. Vielleicht auch andere Drogen. Hoffentlich hat sie von dem Zeug nichts angerührt.

Wer hat solche Ideen?

Ich bin **der Katastrophendenker**. Und Du?

Man nennt mich **den Faktensammler**. Und bisher gibt es nur zwei Fakten: Es ist 22:05 Uhr und unsere Tochter ist noch nicht zu Hause.

Schön, dass du ruhig bleibst. Vielleicht ist sie auf dem Heimweg in die Hände von irgendwelchen Idioten gelaufen.

Reine Fantasie!

Wir rufen Sie an. Wozu hat sie ein Handy.

…

Mist. Die Mailbox. Wozu bezahlen wir ihr das Ding überhaupt?

Vor ewigen Zeit haben Teenager auch ohne Handy überlebt. Erinnerst du dich an damals, als wir jung waren?

Das war etwas ganz anderes.

…

Halb elf! Vielleicht ist ihr wirklich etwas zugestoßen. Sie ist mit dem Fahrrad unterwegs.

Sie fährt doch immer sehr vorsichtig.

Aber die anderen nicht! Vielleicht liegt sie schon im Krankenhaus. Im Koma!

Wäre ihr etwas zugestoßen, würde sich das Krankenhaus oder die Polizei melden.

Oh Gott! Ich darf gar nicht daran denken!

Du steigerst dich in deinKatastrophendenken hinein! Jetzt atmen wir tief durch und konzentrieren uns auf die Fakten.

Du mit Deinen blöden Fakten! Der Fakt, dass sie nicht da ist, obwohl sie es seit einer halben Stunde sein sollte, hilft jedenfalls nicht weiter. Ich mache mir Sorgen!

Woher kommen denn seine Sorgen?

Aus den finstersten Ecken seiner Fantasie. Woher denn sonst? Interessanter fänd' ich zu wissen, wer du bist.

Na, ich bin's, **die Fritze**. Was läuft denn schief beim Katastrophendenker?

FAKTENSAMMLER: Er macht aus der Mücke einen Elefanten! Aber das hilft nicht weiter. Unsere Tochter ist nicht da, obwohl sie hier sein müsste. Das ist Fakt.

FRITZE: Lasst uns überlegen, wie wir aus dem Elefanten eine Mücke machen können.

FAKTENSAMMLER: Meine Rede!

FRITZE: Fakten helfen dem Katastrophendenker offensichtlich nicht. Er bringt unsere Fantasie trotzdem zum Blühen.

FAKTENSAMMLER: Was können wir dagegen tun?

FRITZE: Unsere Fantasie noch mehr anregen.

FAKTENSAMMLER: Dann telefonieren wir gleich alle Krankenhäuser durch!

FRITZE: Nein, nicht so. Wir lenken die Fantasie in eine andere Richtung. Lieber Katastrophendenker, aus welchen schönen Gründen könnte unsere Tochter noch nicht da sein?

KATASTROPHENDENKER: Ein Fahrradplatten? Und weil Ihr Handy-Akku leer ist, kann sie nicht anrufen.

FRITZE: Das könnte ein Grund sein. Schön ist der aber nicht gerade. Streng dich an!

KATASTROPHENDENKER: Vielleicht ist die Musik auf der Party so toll, dass sie beim Tanzen die Zeit vergessen hat.

FRITZE: Weißt du noch, wie tanzwütig wir früher auf guten Partys waren?

KATASTROPHENDENKER: Oder sie hat auf der Party jemanden kennengelernt und beim Flirten die Zeit vergessen.

FRITZE: Das wäre ein sehr schöner Grund. Weitere Vorschläge?

KATASTROPHENDENKER: Sie unterhält sich gerade intensiv mit ihrer besten Freundin. Oder sie fürchtet, es sei uncool, ihren Freunden auf dem Höhepunkt der Party zu sagen, dass ihre Eltern auf sie warten. Oder ihre Uhr ist stehen geblieben. Oder ihre

Freunde bitten sie zu bleiben, weil es gerade so super ist.

FRITZE: Aha. Es sind jede Menge Gründe denkbar, warum sie noch nicht zu Hause ist.

KATASTROPHENDENKER: Ich sorge mich trotzdem um sie.

FRITZE: Das verstehe ich. Aber deineSorgen sollten im Rahmen bleiben. Seien wir mal gespannt, welcher Grund es wirklich ist. Vielleicht sind wir noch gar nicht auf ihn gekommen. Wir überlegen weiter, das lenkt uns ab.

FAKTENSAMMLER: Nicht nötig, denn Fakt ist, dass gerade jemand die Tür öffnet. Vermutlich unsere Tochter.

AUF DEN PUNKT

Wegweiser aus der Grübelfalle:

Viele von uns sorgen sich täglich. Wir nehmen die Dinge eben nicht auf die leichte Schulter. Doch indem wir uns sorgen, tun wir nichts gegen unsere Sorgen – im Gegenteil: Wir vertiefen sie und ziehen sie in die Länge. Unsere Sprache verrät es: Um Sorgen zu haben, muss man sich Sorgen MACHEN. Wir machen sie, indem wir nur in eine Richtung denken – und zwar in eine negative.

Es geht nicht um den Auslöser unserer Sorgen. Irgendeinen finden wir immer. Es geht darum, was wir mit den Sorgen bewirken. Sorgen schaffen Druck, Angst und sogar Panik. Wir fühlen uns überfordert und ohnmächtig – bis hin zur Handlungsunfähigkeit. Manche Menschen sorgen sich nur, statt Lösungen zu finden. Mit jeder noch so kleinen Tat bewirken Sie mehr, als mit Ihren Sorgenfantasien.

Wenn Sie sich in eine Sorgenfantasie verrennen, nehmen Sie sofort wahr, wie negativ Ihre Vorstellungen sind. Löschen Sie dann diese Horror-Bilder und suchen Sie nach positiven Bildern. Malen Sie sich diese in allen Einzelheiten aus. Sie wollen sich nichts vormachen? Erinnern Sie sich daran, dass auch die negativen Fantasien Ihr eigenes Werk sind. Nicht Ihr Realitätssinn hält Sie von den positiven Fantasien ab, sondern die Macht der Gewohnheit. Sie haben sich an Ihre Sorgen gewöhnt, nicht an die sonnigen Aussichten. Aber: Fantasie ist nun mal

Fantasie. Sie entscheiden, welcher Art sie ist. Die Wirklichkeit überrascht uns meistens sowieso. Aus Ihrer Erfahrung wissen Sie vermutlich, dass die meisten unserer Sorgen nie Wirklichkeit werden.

Ausweg aus den Sorgenfantasien:

1 Machen Sie sich bewusst, dass Sie nur Gedanken und Fantasien plagen, keine Tatsachen.

2 Aktivieren Sie Ihre positive Fantasie! Welche Gründe könnte es noch geben für die Situation oder das Ereignis? Finden Sie mindestens zehn andere Erklärungen.

3 Konzentrieren Sie sich auf die Fakten. Welche konkreten Informationen haben Sie? Können Sie die Gründe Ihrer Sorgen zweifelsfrei beweisen? Welche Fakten sprechen gegen Ihre Gedanken?

4 Handeln Sie. Was können Sie tun, damit irgendetwas anders ist als vorher?

Noch eine Stimme:
> *Dass die Vögel der Sorge und des Kummers über deinem Haupt fliegen, kannst du nicht ändern. Aber dass sie Nester in deinem Haar bauen, das kannst du verhindern.*
> MARTIN LUTHER

SELBSTSTÄNDIG MACHEN FÜR RISIKOSCHEUE:

Wie Sie an sich glauben, indem Sie sich selbst nicht alles glauben

Sonntagnachmittag, 16:39 Uhr, auf dem Balkon: Sie haben eine tolle Geschäftsidee. Am liebsten wollen Sie sich auf der Stelle selbstständig machen und Ihren Traum verwirklichen.

Da melden sich Ihre inneren Stimmen zu Wort:

Wir sind viel zu jung, um uns selbstständig zu machen.

Wer sagt das?

Na, ich! **Der Allesglauber**.

Aha. Du glaubst auch alles, was du so denkst …

Wir können doch nicht einfach ins kalte Wasser springen.

Wer sagt das?

Hörst du mir überhaupt zu? Wer bist du überhaupt?

Na, ich bin's, **die Fritze**. Ich höre dir sehr genau zu und frage mich, wie du zu dieser Annahme kommst.

ALLESGLAUBER: Für eine Selbstständigkeit muss man schon ein gewisses Alter haben.

FRITZE: Was wäre dann anders?

ALLESGLAUBER: Man würde uns für kompetenter und erfahrener halten und deswegen ernster nehmen.

FRITZE: Sag mal, lieber Allesglauber, was haben wir davon, dass du uns mit diesem Glaubenssatz einschränkst?

ALLESGLAUBER: Wir gehen mit unserer Idee nicht baden.

FRITZE: Du willst uns vor möglichem Misserfolg schützen?

ALLESGLAUBER: Ja, klar. Das Risiko ist hoch.

FRITZE: Weil wir jung sind?

ALLESGLAUBER: Genau.

FRITZE: Wie wäre es denn, wenn wir mit unserer Idee erfolgreich wären?

ALLESGLAUBER: Toll! Aber es ist zu ungewiss.

FRITZE: Eine Garantie gibt uns niemand. Mit welchen unserer Fähigkeiten könnten wir unserer Idee die höchsten Erfolgschancen bieten?

ALLESGLAUBER: Naja, wir brennen für unsere Idee. Unsere Freunde konnten wir schon dafür begeistern.

FRITZE: Inwiefern wäre das für unseren Erfolg hilfreich?

ALLESGLAUBER: Wir müssten die Bank von unserer Idee überzeugen und natürlich die potenziellen Kunden. Aber unsere Begeisterung allein garantiert uns keinen Erfolg.

FRITZE: Auf dieser Basis können wir aber aufbauen. Welche Fähigkeiten haben wir noch?

ALLESGLAUBER: Wir sind diszipliniert. Außerdem arbeiten wir gut allein, was wir am Anfang auch müssten. Mitarbeiter könnten wir uns erst später leisten.

FRITZE: Hört sich an, als hätten wir schon einen Plan im Kopf.

ALLESGLAUBER: Im Pläne schmieden sind wir gut. Aber am Umsetzen scheitert es meistens.

FRITZE: Noch eine Fähigkeit: Wir können gut planen. Und noch ein Glaubenssatz: Wir können unsere Pläne und Ideen nicht umsetzen.

ALLESGLAUBER: Außerdem fehlt uns Eigenkapital.

FRITZE: Deswegen müssten wir mit der Bank reden und uns um staatliche Förderprogramme kümmern.

ALLESGLAUBER: Was denkt ein Banker, dem so ein junges Küken gegenübersitzt?

FRITZE: Wahrscheinlich fragt er sich, ob das Küken weiß, wie es als Huhn goldene Eier legen kann. Ein Gedankenspiel: Wie würde unser 30 Jahre älteres Alter Ego auf unser heutiges Zaudern reagieren?

ALLESGLAUBER: Es würde fragen, warum wir es nicht wenigstens versucht haben.

FRITZE: Und was würde es über unser Alter denken?

ALLESGLAUBER: Dass es kein richtiges Alter gibt, wohl aber den richtigen Moment. Und der ist genau jetzt. Wenn alles schief geht, sind wir noch jung genug für einen anderen Job.

FRITZE: Wie gut, dass wir so jung sind!

ALLESGLAUBER: Verblüffend.

FRITZE: Was nun?

ALLESGLAUBER: Nun sollten wir uns über Beratungen für Gründer informieren.

AUF DEN PUNKT

Wegweiser aus der Grübelfalle:

Glaubenssätze halten unsere Welt zusammen. Sie entstehen durch unsere Erziehung, durch unsere kindliche Prägung und durch unsere Erfahrungen. Sie leiten unser Verhalten und prägen unser Leben. Glaubenssätze stehen in Verbindung mit unseren Werten. Oben im Selbstdialog geht es um die Werte Sicherheit, Freiheit, Selbstverwirklichung und Wohlstand.

Natürlich gibt es auch nützliche und unterstützende Glaubenssätze. Hier geht es um Glaubenssätze, die uns im Weg stehen. Hinderliche Glaubenssätze erkennen Sie an Formulierungen, wie: »Ich kann nicht«, »ich sollte«, »ich sollte nicht«, »ich könnte« »ich könnte nicht«

Welche Grenzen setzen Sie sich selbst? Welche dieser Grenzen sind real und welche sind Hirngespinste Ihrer Gewohnheit oder Angst? Wie lauten die Sätze, mit denen Sie sich Grenzen setzen?

Hier ein paar Beispiele:
- Dazu bin ich zu alt / jung!
- Dazu müsste ich studiert haben!
- Als Mutter von zwei Kindern ist das nicht machbar!
- Dazu brauche ich mehr Geld!
- Ich hab nicht die richtigen Kontakte!

- Ich bin nicht mutig / diszipliniert / konsequent / intelligent … genug!
- Wer sollte mich schon bei meiner Idee unterstützen!

Wir erleben unsere Einstellungen als Realität. Dabei handelt es sich lediglich um Glaubenssätze und Annahmen über uns selbst, andere Menschen oder die Welt. Solche Glaubenssätze beinhalten Limitierungen, die womöglich gar nicht existieren. Wer seine Glaubenssätze hinterfragt, reißt viele selbst gesteckte Grenzen ein und entdeckt neue Möglichkeiten.

So hinterfragen Sie Ihre Glaubenssätze:
- Was verhindert der Glaubenssatz?
- Was wäre anders, wenn ich alt / jung, reich / arm etc. wäre?
- Welchen Vorteil verschafft mir mein Glaubenssatz? Wovor beschützt er mich?
- Wie wäre es, wenn ich mein Vorhaben in die Tat umsetze?
- Was müsste ich über mich selbst denken, um mich überwinden zu können?
- Welche Annahmen über andere und die Welt würden mich in meinem Vorhaben unterstützen?
- Welche meiner Fähigkeiten könnte ich einsetzen?
- Was würde mein zehn, zwanzig oder dreißig Jahre älteres Alter Ego sagen, wenn es sieht, das ich nicht tue, was ich eigentlich tun will?

Noch eine Stimme:

> *Was du heute bist, ist ein Hinweis darauf, was du gelernt hast und nicht, was dein Potenzial ist.*
>
> VIRGINA SATIR

KARRIERE FÜR BESCHEIDENE:

Wie Sie sich erlauben, groß rauszukommen

◉

Dienstagabend, 18:27 Uhr, auf dem Heimweg: Sie planen schon länger eine Weiterbildung. Schließlich wollen Sie mit Ihrer Karriere vorankommen. Doch jetzt haben Sie den Anmeldetermin verschusselt. Schon wieder …

Da melden sich Ihre inneren Stimmen zu Wort:

Das kann ja wohl nicht wahr sein. Wir haben die Weiterbildung extra mit dem Chef abgesprochen.

Innerhalb der nächsten ein bis zwei Jahre hat er gesagt.

Und zwei Jahre sind fast rum.

Für die nächste Runde können wir uns noch anmelden.

Das hast du letztes Mal schon gesagt. Was ist mit unserer Karriere?

Bist du **der Karriereberater** oder was?

Clever kombiniert. Und wer bist Du?

Ich bin **der Verbieter**.

Willst du uns das Förderprogramm VERBIETEN?

Gute Gründe gäbe es.

KEINEN einzigen! Wir KÖNNEN und wir WOLLEN mit der Karriere weiterkommen und eines Tages Führung übernehmen. Wir KÖNNEN und WOLLEN also an diesem Förderprogramm teilnehmen.

Aber DÜRFEN wir das auch?

Wer sollte etwas dagegen haben?

Ich! Wir verändern uns, wenn wir an unserer Persönlichkeit und unseren Kompetenzen arbeiten.

Das ist Sinn der Sache.

Aber wir verlieren unsere Freunde. Wenn wir Führungskraft sind, gehören wir nicht mehr dazu. Alle werden glauben, wir hielten uns für was Besseres.

Welche Fakten belegen das?

Ist so ein Gefühl. Wer fragt so neunmalklug?

Na, ich bin's, **die Fritze**. Fakten gibt es also keine?

VERBIETER: Mit ein paar Bekannten haben wir kaum noch Kontakt, seit wir uns mit diesen Persönlichkeitsthemen beschäftigen.

KARRIEREBERATER: Aber einige finden das alles sehr spannend. Und auf der letzten Fortbildung haben wir sogar eine neue Freundin gewonnen.

FRITZE: Also, du lieber Verbieter, befürchtest, dass unser soziales Umfeld unter unserer Karriere leidet.

VERBIETER: Und Freunde sind wichtiger als Karriere,

FRITZE: Lieber Karriereberater, dass wir am Förderprogramm teilnehmen WOLLEN und KÖNNEN, reicht nicht. Wir müssen es auch DÜRFEN.

KARRIEREBERATER: Wie können wir den Verbieter umstimmen?

FRITZE: Ihm sind Freundschaften wichtig.

KARRIEREBERATER: Ja, und wer unsere persönliche Entwicklung nicht begleiten will, bleibt wohl oder übel auf der Strecke.

FRITZE: Was kannst du dem Verbieter versprechen?

KARRIEREBERATER: Dass wir unsere Freundschaften pflegen werden. Einige werden wir verlieren, dafür gewinnen wir andere hinzu. Diesen Preis zahlen wir für unsere persönliche Entwicklung. Dafür machen wir das Beste aus uns und unserem Leben. Das haben wir verdient.

FRITZE: Was sagst du dazu, Verbieter?

VERBIETER: Macht schon Sinn, aber ich spüre immer noch einen Widerstand. Sollten wir nicht bescheiden bleiben? In unserer Familie hat keine Frau Karriere gemacht. Wir stehen nicht im Rampenlicht. Wir arbeiten emsig im Hintergrund.

FRITZE: Das sind interessante Glaubenssätze (s. Kapitel »Selbstständig machen für Risikoscheue«, S. 146). Wozu sind sie gut?

VERBIETER: Ohne Rampenlicht sinkt der Leistungsdruck. Im Hintergrund fallen Fehler nicht auf.

FRITZE: Als Führungskraft stehen wir im Rampenlicht. Unser Umfeld nimmt uns wahr und erwartet mehr Leistung. Wir tragen viel mehr Verantwortung.

VERBIETER: Puh!

KARRIEREBERATER: Aber wir haben auch tolle Chancen! Wir können etwas bewegen, unsere Ideen einbringen, Menschen fördern, unsere Kompetenzen erweitern und …

VERBIETER: … ist ja gut.

KARRIEREBERATER: … nein, das Wichtigste fehlt noch: Wir KÖNNEN das! Und wir WOLLEN das!

VERBIETER: Und wir DÜRFEN es auch ...

KARRIEREBERATER: Na, endlich!

VERBIETER: Unter einer Bedingung!

KARRIEREBERATER: Und die wäre?

VERBIETER: Wir werden nicht zu der Sorte Chef, die immer ihre privaten Termine absagen, weil sie wieder länger im Büro bleiben müssen. Und ich will, dass wir bodenständig bleiben und uns immer daran erinnern, auf welcher Sprosse der Karriereleiter wir angefangen haben.

KARRIEREBERATER: Einverstanden. Dann füllen wir gleich die Anmeldung für das nächste Förderprogramm aus. Erledigt ist erledigt und der frühe Vogel fängt den Wurm.

VERBIETER: Guten Appetit!

AUF DEN PUNKT

Wegweiser aus der Grübelfalle:

Ob Sie handeln und ob Ihre Handlung zum Erfolg führt, hängt von vier Faktoren ab:

1 Vom Wollen, also von Ihrer Handlungsmotivation.

2 Vom Können, also von Ihrer Handlungskompetenz, Ihren Fähigkeiten.

3 Vom Dürfen, also von der inneren Erlaubnis.

4 Von der äußeren Umgebung.

Es reicht nicht, einen Karriereschritt machen zu WOLLEN und zu KÖNNEN. Nur weil wir motiviert sind und über die nötigen Fähigkeiten verfügen, sind wir noch nicht zum Handeln bereit. Wir brauchen auch eine innere Erlaubnis (»Ich darf Karriere machen und erfolgreich sein«). Außerdem bedarf es einer geeigneten äußeren Umgebung.

An welchem Faktor scheitert Ihr Handeln? Wo ist der Engpass? Stellen Sie dazu die richtigen Fragen:

WOLLEN: Was können Sie mit Ihrem Vorhaben erreichen? Warum sind Ihnen diese Ziele wichtig? Fangen Sie an, statt zu grübeln. Der Appetit kommt manchmal auch erst beim Essen.

KÖNNEN: Welche Informationen bzw. Fähigkeiten fehlen Ihnen zum Handeln? Holen Sie sich Unterstützung.

DÜRFEN: Welche Glaubenssätze schränken Sie ein? Wie Sie diese hinterfragen, lesen Sie im Kapitel: »Selbstständigmachen für Risikoscheue«, S. 146.

UMGEBUNG: Wie schaffe ich mir eine geeignete Umgebung?

An dieser Stelle ein paar Gedanken zur Mitarbeiter-Motivation. Oft gilt diese als Primäraufgabe der Führungskräfte. Unsere vier Faktoren führen zu einem anderen Schluss: Für das Wollen und das Dürfen ist ausschließlich der Mitarbeiter verantwortlich. Hier kann die Führungskraft kaum Einfluss nehmen. Können und Umgebung hingegen kann die Führungskraft beeinflussen. Sie sollte die Entwicklung Ihrer Mitarbeiter unterstützen und eine leistungsfördernde Umgebung schaffen.

Noch eine Stimme:
> *Mögen täten wir schon wollen, aber dürfen haben wir uns nicht getraut.*
>
> KARL VALENTIN

NACHFRAGEN FÜR ALLESWISSER:

Wie Sie Ihre Mitmenschen verstehen, ohne ihre Gedanken zu lesen

Mittwochnachmittag, 15:14 Uhr, auf dem Flur: Seit Tagen suchen Sie nach einer Lösung für Ihr Projekt. Sie kommen einfach nicht weiter. Jetzt hilft nur der Rat einer Kollegin, ausgerechnet von DER Kollegin …

Da melden sich Ihre inneren Stimmen zu Wort:

Sie ist immer so wortkarg und weicht uns aus. Wahrscheinlich hält Sie uns für einen schrägen Vogel, weil wir so farbenfroh durch die Welt laufen. Unser Lachen findet sie bestimmt auch viel zu laut. Wenn wir jetzt noch mit unserem Projekt zu ihr gehen, hält sie uns auch noch für dumm.

Wer hält uns für dumm?

Das war ja klar. Bist Du's, **Fritze**?

Ja, ich bin's. Und warum sollten wir für dumm gehalten werden?

Wir müssen eine Kollegin etwas fragen, aber sie kann uns nicht gut leiden.

Wie kommst du darauf?

Was für 'ne Frage! Ich bin **der Gedankenleser**.

FRITZE: Das erklärt einiges.

GEDANKENLESER: Neulich hat sie uns gefragt, ob wir immer so direkt sagen, was wir denken.

FRITZE: Was haben wir geantwortet?

GEDANKENLESER: »Ja, klar!«, haben wir gesagt und gegrinst. Sie hat ihre Stirn in Falten gelegt und gedacht, dass sie sich vor uns in Acht nehmen sollte.

FRITZE: Woher weißt Du, was andere über uns denken?

GEDANKENLESER: Das sehe ich ihnen an der Nasenspitze an.

FRITZE: Denkende Nasen? Wessen Gedanken kannst du noch lesen?

GEDANKENLESER: Unsere Chefin denkt, wir seien chaotisch, unkonzentriert und impulsiv.

FRITZE: Sagt sie das denn auch?

GEDANKENLESER: Sie sagt nur, wie froh sie ist, dass wir frischen Wind in die Firma bringen, und dass sie sich von uns manchmal mehr Konzentration wünscht.

FRITZE: Aha.

GEDANKENLESER: Zwichen den Zeilen sagt Sie, dass wir nicht effektiv arbeiten und mehr schaffen müssten. Sie ist nur zu nett, um das zu sagen.

FRITZE: Zwischen den Zeilen lesen kannst du also auch?

GEDANKENLESER: Ist irgendwie alles dasselbe.

FRITZE: Hast du deinWissen schon mal überprüft?

GEDANKENLESER: Klar, sagen wir doch zur Chefin: Wir wissen, was sie wirklich über uns denken. Sie sind nur zu feige, es uns zu sagen.

FRITZE: Das wäre sicher wenig hilfreich.

GEDANKENLESER: Oder sollen wir unserer Kollegin sagen, dass wir wissen, wie unterlegen Sie sich uns, dem Paradiesvogel, fühlt.

FRITZE: Wir dürfen die Personen nicht vor Tatsachen stellen, sondern sollten stattdessen konkret nachfragen.

GEDANKENLESER: Auf die Frage: »Was denkst du gerade?«, antworten die meisten: »Nichts Besonderes«.

FRITZE: Am besten, wir verknüpfen unsere Frage mit unserer Wahrnehmung. Zum Beispiel: »Ich habe den Eindruck, dass Sie meine Wandergeschichte langweilt, weil Sie Ihre Augen zwischendurch schließen. Ist das so?«

GEDANKENLESER: Und wenn sie »Ja« sagt?

FRITZE: Dann kannst du dir für's richtige Gedankenlesen auf die Schulter klopfen. Und wir können das Gespräch mit Ihr besser gestalten, weil wir auf sie eingegangen sind. Warum könnte sie ihre Augen bei unserer Erzählung denn noch schließen?

GEDANKENLESER: Keine Ahnung.

FRITZE: Vielleicht trägt sie Kontaktlinsen und wollte ihre Augen befeuchten.

GEDANKENLESER: Hm.

FRITZE: Vielleicht hat sie Höhenangst und hört nicht gerne von schmalen Wanderwegen am Abhang.

GEDANKENLESER: Oder sie mag die Berge und das Wandern und schließt die Augen, um sich unsere Geschichte besser vorstellen zu können.

FRITZE: Jetzt hast Du's raus!

GEDANKENLESER: Vielleicht war sie auch einfach nur müde.

FRITZE: Wahrscheinlich gibt es noch viel mehr Gründe.

GEDANKENLESER: Aber sie findet uns sicher vorlaut und mag unsere direkte Art nicht. Sonst hätte sie kaum gefragt, ob wir immer so direkt sagen, was wir denken.

FRITZE: Klar, genau. Das ist eindeutig! Dieser Kommentar kann natürlich nur das eine bedeuten. Ohne Zweifel.

GEDANKENLESER: Warum beschleicht mich gerade das Gefühl, dass du mich veräppelst?

FRITZE: Kann ich gar nicht verstehen. Welche Gedanken könnten sich hinter ihrem Kommentar denn noch verstecken?

GEDANKENLESER: Dass unsere Direktheit mutig ist? Vielleicht wäre sie gerne etwas mutiger und bewundert uns. Oder sie ist neidisch auf unsere bunten Klamotten, weil sie sich nicht aus ihrem Mausgrau raustraut.

FRITZE: Was noch?

GEDANKENLESER: Sie will uns davor warnen, dass wir uns Feinde machen könnten.

FRITZE: Du siehst, beim Gedankenlesen gibt es nicht die eine Wahrheit. Daher sollten wir prüfen, ob unsere Gedanken richtig sind.

GEDANKENLESER: Unsere Wahrnehmung mit einer Frage zu überprüfen, macht tatsächlich Sinn.

FRITZE: Wir können auch direkt nachfragen. Zum Beispiel: »Waren Sie auch schon mal wandern?« Der entscheidende Punkt ist, dass unsere Annahmen über die Gedanken eines anderen über uns, wiederum uns selbst und den Kontakt zum anderen beeinflussen.

GEDANKENLESER: Hä?

FRITZE: Ganz einfach: Unsere Gedanken beeinflussen uns und die anderen.

GEDANKENLESER: Ja, klar.

FRITZE: Unsere Annahme, dass uns die Kollegin für einen schrägen Vogel mit losem Mundwerk hält, beeinflusst uns. Und zwar so, dass wir sie nicht um Rat fragen wollen. Kein sehr positiver Einfluss.

GEDANKENLESER: Was schlägst du vor?

FRITZE: Befreien wir uns von unseren Annahmen! Seien wir offen und neugierig! Und wenn wir uns beim Gedankenlesen ertappen, überprüfen wir unsere Annahmen.

AUF DEN PUNKT

Wegweiser aus der Grübelfalle:

Oft meinen wir zu wissen, was unsere Mitmenschen denken, fühlen und beabsichtigen. Wir lesen Gedanken. Je weniger Vermutungen Sie über die Gedanken Ihrer Mitmenschen anstellen, desto besser kommen Sie miteinander aus. Fragen Sie, worüber Ihr Gegenüber nachdenkt. So zeigen Sie Interesse. Auch Sie selbst profitieren davon. Meistens vermuten wir, dass andere negativ über uns denken. Wir lesen oft genau jene Gedanken, vor denen wir uns am meisten fürchten. So schwächen wir unser Selbstwertgefühl.

Was hilft gegen das Gedankenlesen?

1 Suchen Sie alternative Begründungen für Ihre Beobachtung. Was könnte noch hinter diesem Verhalten stecken?

2 Machen Sie sich klar: Sie interpretieren und Interpretationen können falsch sein.

3 Verschaffen Sie sich Informationen und überprüfen Sie Ihrer Vermutung. Fragen Sie freundlich nach.

Wir haben genug mit unseren eigenen Gedanken zu tun. Deshalb sollten wir uns nicht auch noch mit den Gedanken anderer beschäftigen.

Noch eine Stimme:
> *Ein Mensch ist immer das Opfer seiner Wahrheiten.*
> ALBERT CAMUS

SCHEITERN FÜR GEWINNER:

Wie Sie sich mit Ihren Fehlern anfreunden (und sich dann von ihnen verabschieden)

Dienstagvormittag, 11:52 Uhr, im Auto: Das war nix. Sie kommen von einem Kundentermin. Statt den Vertrag zu unterschreiben, hat er Sie vertröstet …

Da melden sich Ihre inneren Stimmen zu Wort:

Wir hatten den Abschluss schon fast in der Tasche. Und dann ist wieder der Übereifer mit uns durch gegangen. »Ich überlege mir das noch mal und melde mich dann,« hat er gesagt. War doch klar, dass der keinen wissenschaftlichen Vortrag über jedes technische Detail hören wollte. Den sehen wir nie wieder. Mann, sind wir blöd.

Bist du **der Fehlerteufel**?

Treffer. Und Du?

Na, ich bin's **die Fritze**.

FEHLERTEUFEL: Und was ist deinAnliegen?

FRITZE: Ich gratuliere Dir.

FEHLERTEUFEL: Ha, ha. Sehr witzig. Sonst noch was?

FRITZE: Ja, ich hoffe, dass wir noch viele Fehler machen. Fehler machen klug, drum ist einer nicht genug.

FEHLERTEUFEL: Rührend! Zum Erfolg führt uns das aber kaum.

FRITZE: Dein Umgang mit unseren Fehlern ist in der Tat hinderlich.

FEHLERTEUFEL: Wie das?

FRITZE: Formulierungen wie »Mann, sind wir blöd« greifen unser Selbstwertgefühl an. Wir sollten uns vor Augen halten, dass Fehler normal sind. Wir lernen aus ihnen und entwickeln uns weiter.

FEHLERTEUFEL: Gar nichts lernen wir aus unseren Fehlern. Beim letzten Mal haben wir unseren Kunden auch schon zugetextet. Also ist es doch Dummheit.

FRITZE: Nein, nur mangelnde Aufmerksamkeit. Wir haben uns in der Situation nicht daran erinnert, dass wir den selben Fehler schon einmal begangen haben.

FEHLERTEUFEL: Das macht es nicht besser.

FRITZE: Doch. Beim ersten Mückenstich im Sommer kratzen wir uns auch sofort, weil wir vergessen, dass das Jucken so nur schlimmer wird. Nach ein paar mehr Stichen wissen wir wieder Bescheid und kühlen den Stich mit Spucke.

FEHLERTEUFEL: Schön. Aber hier geht es nicht um Mücken, sondern um Mäuse. Unsere Provision ist futsch. Offensichtlich haben wir aus unseren Fehlern nicht gelernt.

FRITZE: NOCH nicht. Viele Fehler wiederholen wir, weil wir keine besseren Handlungsalternativen kennen. Oder aus Gewohnheit. Aber nie absichtlich. Wir entscheiden uns für eine Verhaltensweise, weil wir diese für richtig halten.

FEHLERTEUFEL: Und später erkennen wir den Fehler und ärgern uns schwarz.

FRITZE: Und genau dieser Ärger und die Selbstvorwürfe helfen nicht weiter. Jeder Mensch wählt unter der Voraussetzung seiner Ängste, Bedürfnisse, Fähigkeiten und Erfahrungen immer das optimale Verhalten.

FEHLERTEUFEL: Im Rahmen unserer Möglichkeiten haben wir das Verkaufsgespräch also bestmöglich geführt?

FRITZE: Genau!

FEHLERTEUFEL: Und wir können an unseren Fähigkeiten arbeiten, indem wir uns Alternativen zu unserem technischen Vortrag überlegen?

FRITZE: Dann machen wir diesen Fehler wahrscheinlich nicht nochmal.

FEHLERTEUFEL: Vorausgesetzt wir sind aufmerksam und erinnern uns in der Situation daran, was wir uns vorgenommen haben.

FRITZE: Richtig. Und auch wenn wir nicht aufmerksam sind und den Fehler wiederholen, machen wir uns keine Vorwürfe. Stattdessen finden wir heraus, was uns gehindert hat und arbeiten daran. Vielleicht war es ja eine Unsicherheit oder ein starkes Mitteilungsbedürfnis.

FEHLERTEUFEL: So können wir auch mit Fehlern unserer Mitmenschen umgehen. Auf diese Weise unterstützen wir sie außerdem dabei, ihre Möglichkeiten zu erweitern, damit auch sie anders handeln können.

FRITZE: Ein fabelhafter Gedanke!

AUF DEN PUNKT

Wegweiser aus der Grübelfalle:

Wer sich über seine Fehler ärgert und sich Vorwürfe macht, behindert seinen Lernprozess und schadet seinem Selbstwertgefühl. Aus Angst vor Fehlern wagen wir nichts Neues und sind nicht kreativ. Im Gegensatz dazu, lädt uns eine positive Fehlerkultur dazu ein, uns auszuprobieren und weiterzuentwickeln. Ganz nach dem Motto: »Scheitern macht gescheiter.« Oder »Heiter scheitern«.

Jeder handelt vor dem Hintergrund seiner Erfahrungen, Ängste und Bedürfnisse stets bestmöglich. In diesem Sinne können wir gar nicht scheitern. Manchmal ist unser Verhalten nicht angemessen oder wenig geschickt. Dann können wir unsere Fähigkeiten weiterentwickeln und uns beim nächsten Mal angemessen verhalten.

Es heißt, wir sollen nicht zweimal denselben Fehler begehen. Leichter gesagt als getan. Zu schnell geraten wir in ein gewohntes Verhalten (denken Sie an die Autobahn! Siehe Kapitel: »Streiten für Harmoniesüchtige«, S. 120) oder es mangelt an alternativen Verhaltensmöglichkeiten. Damit wir einen Fehler nicht wiederholen, müssen wir sehr aufmerksam sein. Wir müssen die Situation erkennen und uns an unsere Verhaltensalternative erinnern.

Manchmal stempeln wir die Ansichten oder das Verhalten eines Mitmenschen schnell als »falsch« ab, weil sie nicht unseren Vorstellungen entsprechen. Auch hier können wir uns bewusst machen, dass diese Menschen im Rahmen ihrer Fähigkeiten bestmöglich handeln. Mit dieser Einstellung begegnen wir diesem Menschen respektvoll. Oft erfahren wir dann sogar, WARUM diese Person so denkt oder handelt, was wiederum unser eigenes Denken und Handeln bereichert.

Statt andere zu verurteilen mit einem »So kannst du das nicht machen!« oder »Das kannst du so nicht sehen.« oder »Das ist falsch!« sollten wir lieber erwiedern »Das ist interessant. Wie bist du vorgegangen?« oder »Spannend wie du das siehst. Wie kommst du zu dieser Ansicht?«

Noch eine Stimme:
> *Wer arbeitet, macht Fehler, wer viel arbeitet, macht viele Fehler, und wer keine Fehler macht, ist ein fauler Hund.*
> ELMAR VON LUKOWICZ

NICHTSTUN FÜR HYPERAKTIVE:

Wie Sie auf Umwegen besser ans Ziel kommen

◉

Donnerstagnachmittag, 14:36 Uhr, im Büro: Eine Lawine aus E-Mails, Rückrufen und To-Do-Listen hat Sie unter sich begraben …

Da melden sich Ihre inneren Stimmen zu Wort:

Schnell die fünf E-Mails beantworten, dann die Post fertig machen und die Präsentation vorbereiten. Ach, vorher müssen wir mit unserer Kollegin die Agenda abstimmen. Und dann sind da noch die Rückrufe …

Tiiiieeeef einatmen …

Keine Zeit … Die Autowerkstatt müssen wir auch noch anrufen. Dieses blöde Geräusch beim Schalten! Wann sollen wir nur das Auto wegbringen?

Und Ausatmen!

Jetzt klingelt auch noch das Telefon …

…

Die Kunden und ihre Extrawünsche. Das können wir doch alles gar nicht schaffen.

Eben! Deshalb legen wir mal eine Pause ein!

… Oh, schon wieder zehn neue Mails. Was ist das? Wieso sollen wir uns darum kümmern? Na, egal. Ehe die Mails hin und her gehen, haben wir es auch selbst erledigt.

Stopp, anhalten!

Wer will uns hier eigentlich die ganze Zeit von der Arbeit abhalten?

Na, ich bin's **die Fritze**. Und du musst **die Rastlose** sein.

RASTLOSE: Allerdings. Und zum Plaudern habe ich keine Zeit. Wir müssen uns reinknien, sonst schaffen wir das nie!

FRITZE: Was wäre dann?

RASTLOSE: Was für eine Frage? Wir müssen das schaffen!

FRITZE: Ich bewundere, wie viel Energie du da reinsteckst. Unsere eigenen Bedürfnisse hast du zurückgestellt. Es gab noch nicht mal Mittagessen.

RASTLOSE: Wir hatten doch einen Müsliriegel und einen Apfel!

FRITZE: Die wir beim Protokolllesen quasi eingeatmet haben.

RASTLOSE: An manchen Tage geht's eben nicht anders.

FRITZE: Und da können wir nicht mal für zehn Minuten eine Pause einlegen?

RASTLOSE: Ich kann nichts für den Trubel.

FRITZE: Aber wie wir damit umgehen, können wir entscheiden. Heute fiel die Wahl auf: Aktionismus mit einem Schuss Panik. Noch einmal: Was passiert, wenn wir nicht alles schaffen?

RASTLOSE: Dann kommen wir morgen überhaupt nicht mehr hinterher. Lass uns das alles jetzt erledigen, damit wir später Zeit für andere Dinge haben.

FRITZE: Du erinnerst mich an die Geschichte mit der Säge.

RASTLOSE: Was für eine Säge?

FRITZE: Du hast ja keine Zeit für Geschichten. Machen wir lieber weiter.

RASTLOSE: Die Kurzfassung!

FRITZE: Schön, dass du uns für die Geschichte eine kurze Pause gönnst. Also: Auf seinem Waldspaziergang beobachtet ein Mann, wie der Förster einen Baum fällen will. Mit seiner stumpfen Säge kommt er kaum vorwärts. Als der Mann ihn darauf anspricht, antwortet der Förster: Ich habe keine Zeit die Säge zu schärfen, ich muss den Baum fällen!

RASTLOSE: Wir sollen unsere Säge schärfen?

FRITZE: Im übertragenen Sinn. Wenn der Druck zu groß wird, ziehen wir uns für fünf oder zehn Minuten in eine ruhige Ecke zurück und lassen unsere Gedanken fließen. Wir beißen uns an keinem Gedanken fest, sondern beobachten uns von außen.

RASTLOSE: Was soll das bringen?

FRITZE: Probieren wir's einfach!

RASTLOSE: Aber nur fünf Minuten!

...

RASTLOSE: Hm.

FRITZE: Wie war's?

RASTLOSE: Am Anfang haben wir uns immerzu gesagt, dass wir für solche Spielchen keine Zeit habe. Es war gar nicht so einfach, diesen Gedanken wieder loszulassen. Irgendwann haben wir bemerkt, wie gut die kurze Abkühlung tut. Wir waren vorher ganz schön heißgelaufen. Und es tauchten neue Gedanken auf.

FRITZE: Was Interessantes dabei?

RASTLOSE: Uns ist aufgefallen, dass wir uns überfordern. Und weil wir uns das nicht eingestehen wollen, legen wir noch nen Gang zu. Leider werden wir dadurch zum Aufziehmännchen: Hyperaktiv, hektisch und zerstreut. Außerdem stärkt die viele

Arbeit unser Selbstwertgefühl. Wir werden offensichtlich gebraucht und sind wichtig.

FRITZE: All das sind wirklich gute Gründe für unser Verhalten.

RASTLOSE: Und uns wurde auch klar, wie blödsinnig es ist, sein Selbstwertgefühl an der Anzahl der E-Mails und Anrufe zu bemessen. Deshalb schreiben wir jetzt eine Liste mit unseren Prioritäten. So können wir strukturiert abarbeiten, was heute noch erledigt werden muss. So steigern wir unser Selbstwertgefühl viel besser!

FRITZE: Und schaffen wir so alles, was wir schaffen wollen?

RASTLOSE: Keine Ahnung. Aber ich weiß, dass wir konzentriert unser Bestes geben werden. Mehr geht sowieso nicht.

AUF DEN PUNKT

Wegweiser aus der Grübelfalle:

»Wenn du es eilig hast, mache einen Umweg!« So widersinnig dieses asiatische Sprichwort klingt, es stimmt. Auf Umwegen betrachten wir unseren ursprünglichen Weg aus der Distanz und entdecken Neues. Das klappt auch auf einem kleinen Spaziergang. Wichtig ist, dass wir den Fluss unserer Gedanken beobachten und uns nicht an Ihnen festbeißen. So gewinnen wir Abstand, öffnen wieder unseren Blick und erkennen, was wirklich wichtig ist. Auch ohne Trubel tut das manchmal gut. Probieren Sie es gleich aus. Wo auch immer Sie gerade dieses Buch lesen. Legen Sie es für fünf Minuten zur Seite und lassen Sie Ihre Gedanken fließen.

Noch eine Stimme:

Gönne dir einen Augenblick der Ruhe und du begreifst,
wie närrisch du herumgehastest bist.

LAO-TSE

FEIERN FÜR SCHÜCHTERNE:

Wie Sie auf einer Party Fremde ansprechen

....

Freitagabend, 23:17 Uhr, im Partykeller: Sie stehen alleine in der Ecke und klammern sich an ein Sektglas. Sie kennen hier niemanden und Ihre Freundin scheint sich zu verspäten.

....

Da melden sich Ihre inneren Stimmen zu Wort:

Bis auf den Gastgeber kennen wir hier niemanden. Und selbst den nur flüchtig. Mist, das ist eine blöde Situation.

Hier sind lauter Leute in Partystimmung. Lass uns Spaß haben!

Du bist wohl **der Partylöwe**, was?

Goldrichtig. Rock'n Roll!

Als **die Gehemmte** sage ich Dir: Allein kommen wir nicht in Partystimmung.

Wir sind nicht allein! Schau mal, die drei können ein viertes Rad gebrauchen.

Lass uns lieber rausgehen und unsere Freundin anrufen.

Spaßbremse! Wahrscheinlich macht die wieder ewig an ihrer Frisur rum.

Aber die drei sehen so aus, als ob sie sich schon sehr gut kennen.

Und?

Verschaffen wir uns erst mal einen Überblick.

Herrje …

Niemand nimmt uns zur Kenntnis.

Kleiner Tipp: Wir stehen hier still und stumm in einer dunklen Ecke. Lass uns tanzen gehen, dann sieht uns jeder.

Das ist gar nicht unsere Musik. Wo bleibt sie nur? Mit ihr kann ich zu jeder Musik tanzen.

Lass uns jemanden kennen lernen. Locker bleiben!

Wer interessiert sich schon für eine verklemmte Einzelgängerin?

Zuerst sollten wir ein anderes Gesicht aufsetzen. So distanziert, cool und arrogant, wie wir gerade dreinschauen, vertreiben wir alle.

Wenigstens kommt uns so niemand blöde.

In Stimmung kommen wir so aber auch nicht.

Mir scheint, die Gehemmte hat einen Grund für ihre Hemmungen.

Ganz genau! Vielen Dank! Aber wer bist Du?

Na, ich bin's, **die Fritze**. Wie sollen wir denn mit Deinen Hemmungen umgehen?

GEHEMMTE: Mich zu bedrängen, ich solle locker sein und Spaß haben, bringt's auf keinen Fall.

FRITZE: : Wie sind wir denn so schüchtern geworden und wie sind wir zu diesem arroganten Gesicht gekommen, liebe Gehemmte?

GEHEMMTE: In der Schule mussten wir uns immer wieder blöde Streiche und Kommentare gefallen lassen. Irgendwann haben wir uns diesen arroganten Blick angewöhnt und die anderen haben uns in Ruhe gelassen.

PARTYLÖWE: Dir ist klar, dass das ein paar Jahrzehnte her ist?

FRITZE: Manche Erfahrungen prägen uns ein Leben lang. Mit dem Gesichtsausdruck haben wir uns also geschützt. Und es hat funktioniert. Damals.

GEHEMMTE: Und auch heute! Wenn wir unsere Ruhe wollen, bekommen wir unsere Ruhe.

PARTYLÖWE: Und bleiben allein.

FRITZE: Und fühlen uns unwohl in unserer Haut.

GEHEMMTE: So ist es.

FRITZE: Das ist sehr schade. Du kannst dich nicht an dieser Party erfreuen.

GEHEMMTE: Nein. Ich bin auf der Hut, dass uns niemand wieder einen blöden Zettel auf den Rücken klebt oder so.

PARTYLÖWE: Ist das ein Partyspiel?

GEHEMMTE: Nein, das sind dumme Streiche unter Kindern.

PARTYLÖWE: Ich sehe hier keine Kinder.

GEHEMMTE: Auch wieder wahr.

FRITZE: Ich verstehe, dass dich unsere Erfahrungen in der Schule geprägt haben. Kinder können wirklich ziemlich fies sein. Kleben uns Zettel mit blöden Sprüchen auf den Rücken, schmieren Kleister auf unseren Stuhl, schubsen uns in die Brennnesseln …

GEHEMMTE: Klauen unser Federmäppchen, stellen uns ein Bein, lassen uns Luft aus den Fahrradreifen …

FRITZE: Und vieles mehr. Und du fühltest dich damals ohnmächtig und ausgeliefert. Deine Strategie, dass wir uns zurückziehen und ein cool-arrogantes Gesicht aufsetzen, hat uns geschützt. Nur jetzt sind wir 20 Jahre älter. Wann hat uns zuletzt jemand absichtlich ein Bein gestellt, uns in die Brennnesseln geschubst oder uns einen Zettel auf den Rücken geklebt?

GEHEMMTE: Was für eine unsinnige Frage.

FRITZE: Vielleicht ist deineUnsicherheit genauso unsinnig.

GEHEMMTE: Ablehnung und komische Blicke oder Kommentare können wir auch heute noch bekommen.

FRITZE: Es gibt immer ein Risiko. Vielleicht sind die Leute nicht auf unserer Wellenlänge. Dann gehen wir wieder und suchen uns jemand anderen.

PARTYLÖWE: Genau! No risk no fun!

FRITZE: Wie könnten wir denn die drei da drüben ansprechen?

GEHEMMTE: Erst beobachten wir sie etwas, dann stellen wir uns in Ihre Nähe und bauen Blickkontakt auf. Nehmen wir eine gewisse Offenheit wahr, sprechen wir sie einfach an.

PARTYLÖWE: Jesses! Was für eine brillante Idee! Sprechen wir sie einfach an!

FRITZE: Komm, wir interessieren uns aufrichtig für sie und finden heraus, ob sie sich wirklich so lange kennen, wie es auf uns wirkt.

…

PARTYLÖWE: Hey, die sind doch super lustig! Und sie kennen sich tatsächlich seit ihrer Schulzeit. Die waren von unserer Beobachtungsgabe ganz schön beeindruckt!

GEHEMMTE: Ja, ist tatsächlich witzig mit denen. Ich bin froh, dass ich mich überwunden habe.

PARTYLÖWE: Ach, wer sieht sich denn da so suchend um?

GEHEMMTE: Hey, unsere Freundin! Und was für eine Frisur sie wieder hat! Das erklärt alles. Dann kann ich ihr die drei ja gleich mal vorstellen.

AUF DEN PUNKT

Wegweiser aus der Grübelfalle:

Schüchternheit geht oft mit Bescheidenheit einher und kann einen Menschen sehr sympathisch machen. Schränkt die Schüchternheit jedoch unsere Lebensqualität ein, sollten wir etwas unternehmen.

Schüchternheit entwickeln wir meistens in unser Kindheit oder Jugend. In dieser Zeit dient sie einem Zweck: Wir fallen nicht auf und niemand greift uns an. Als Erwachene ärgern wir uns über unsere Schüchternheit und verurteilen uns manchmal sogar dafür.

Stört Sie Ihre Schüchternheit, finden Sie zunächst heraus, wann und warum Sie diese Haltung entwickelt haben. Anschließend können Sie Ihre Schüchternheit – als früher einmal sinnvolle Strategie – anerkennen. Fragen Sie sich dann, ob diese heute noch sinnvoll ist. Erinnern

Sie sich an Situationen, in denen Sie nicht schüchtern waren. Wie waren Sie stattdessen? Wie haben Sie das erreicht?

Extreme Schüchternheit kann sich negativ auf die Beziehung zu unseren Mitmenschen auswirken. Wer sich zurückzieht, nicht offen redet, nur mit sich selbst beschäftigt ist und dann auch noch ein cooles Gesicht auflegt, wirkt schnell arrogant, unfreundlich, desinteressiert und abweisend. So bewirkt der Schüchterne, was er am meisten fürchtet: Er steht als Außenseiter da.

Erinnern Sie sich daran, wie unrealistisch es ist, dass alle Menschen über Sie lästern oder schlecht von Ihnen denken. Natürlich ist es nicht ausgeschlossen, dass jemand über Sie herzieht. Trösten Sie sich: Everybody's darling is everybody's Depp.

Noch eine Stimme:

> *Nicht weil es schwer ist, wagen wir's nicht, sondern weil wir's nicht wagen, ist es schwer.*
>
> LUCIUS ANNAEUS SENECA

LOSLASSEN FÜR KLAMMERER:

Wie Sie Ihrer Grübelfalle entkommen

Sonntagabend, 21:13 Uhr, auf dem Sofa: Ihr Partner hat Sie verletzt. Sie haben sich ausgesprochen und versöhnt. Trotzdem müssen Sie immer wieder daran denken …

Da melden sich Ihre inneren Stimmen zu Wort:

Er hat uns angelogen. Erzählt uns, er trifft einen Kollegen und besucht in Wahrheit seine Ex-Freundin. Mistkerl! Das ist ein Vertrauensbruch.

Ja, und wir haben mit ihm darüber gesprochen und er hat sich entschuldigt. Er hat uns nur angelogen, weil er nicht wollte, dass wir auf dummen Gedanken kommen.

Aber er hat uns angelogen. Er hat uns verletzt.

Ja, und er hat uns versprochen, beim nächsten Mal die Wahrheit zu sagen. Und wir haben ihm verziehen.

Warum lügt er uns an, wenn er schwört, es sei eine rein platonische Freundschaft.

Und jetzt hat er dich noch drei weitere Male angelogen und verletzt.

Was???

Jedes Mal, wenn du daran denkst, durchleiden wir die Verletzung erneut.

Deshalb nennt man mich wohl **den Wiederholer**. Ich denke immer wieder dasselbe. Immer wieder, immer wieder. Immer im Kreis. Und ja, es tut jedes Mal wieder weh.

Das hilft doch nicht!

Nein, aber er hat uns nun mal angelogen.

Jetzt zum vierten Mal! Übrigens: Er sitzt gerade neben uns auf dem Sofa und wir trinken ein wunderbares Glas Wein zusammen. Hör auf, uns mit der Vergangenheit zu quälen.

Leicht gesagt.

Klar, ich bin ja auch **die Gegenwärtige**. Ich konzentriere mich immer auf den gegenwärtigen Moment, darauf, was JETZT ist. Und jetzt sitzen wir mit unserem Partner auf dem Sofa und genießen zusammen ein Glas Wein.

Aber er hat gelogen!

Zum fünften Mal. Wie ein Sprung in der Platte!

Hä?

Als ob unsere Platte einen Kratzer hat. Die Nadel kommt nicht vorwärts und wir hören immer wieder dasselbe!

Schon mal was von CD's gehört?

Apropos: Wie wäre es, wenn wir ein bisschen Musik anmachen?

Gute Idee.

…

Eine unserer Lieblings-CD's. Bei dieser Musik kommen immer wieder so schöne Gefühle hoch. Ach, warum hat er uns das nur angetan? Ich möchte ihm doch vertrauen können.

Bist du masochistisch veranlagt? Konzentrieren wir uns bitte auf DIESEN Moment! Alles wäre in bester Ordnung, wenn du nur nicht immer wieder von vorne anfangen würdest.

Aber ich kann das nicht einfach abstellen.

◉ Die Erinnerung an sich ist gar nicht das Problem.

Ach nee? Was bist du denn für ein Schlaumeier?

Na, ich bin's, **die Fritze**. Wir lernen ja auch durch Erinnerungen.

WIEDERHOLER: Siehste!

GEGENWÄRTIGE: Sie ist bestimmt noch nicht fertig!

FRITZE: Stimmt. Wiederkehrende Erinnerungen, die uns quälen, sind schon problematisch, weil wir die negativen Emotionen dann immer wieder durchleben.

GEGENWÄRTIGE: Sechs Mal jetzt schon. Dabei hat ER uns tatsächlich nur ein Mal verletzt!

FRITZE: Wir klagen, bedauern, machen Schuldzuweisungen, hassen sogar. Dadurch verbauen wir uns den Zugang zu positiven Emotionen im Jetzt.

GEGENWÄRTIGE: Ja, wir können den Moment auf dem Sofa nicht genießen, weil der Wiederholer immer wieder anfängt mit seinem »er hat uns angelogen«.

WIEDERHOLER: Dann verratet mir doch mal, was ich dagegen tun kann!

GEGENWÄRTIGE: Beim Sprung in der Platte setzen wir die Nadel einfach ein Stückchen weiter auf und erfreuen uns wieder an der Musik.

WIEDERHOLER: Schön, aber wie soll ich das konkret umsetzen?

FRITZE: Erst mal muss dir bewusst sein, dass du einen Sprung in der Platte hast, also dass du dich wiederholst und dadurch negative Emotionen erzeugst.

WIEDERHOLER: Okay. Und jetzt?

FRITZE: Wie bei der Platte musst du dich dann entscheiden, einzugreifen und etwas zu bewegen. Statt der Nadel bewegst du unsere Aufmerksamkeit. Dafür brauchst du Konzentration. Du konzentrierst dich auf das, was in diesem Moment gerade gut ist. Richte unsere gesamte Aufmerksamkeit zum Beispiel auf die schöne Musik.

GEGENWÄRTIGE: Aaaah ... Er krault unseren Nacken! Bitte lass uns das jetzt genießen.

WIEDERHOLER: Und der Wein: Köstlich.

FRITZE: Und weißt Du, warum wir so froh sind, dass wir dich haben, lieber Wiederholer?

WIEDERHOLER: Na, jetzt bin ich aber mal gespannt.

FRITZE: Weil du auch positive Erinnerungen und Emotionen wiederholen und damit dafür sorgen kannst, dass es uns gut geht.

WIEDERHOLER: Der Moment vorhin, als wir uns nach dem Streit in die Arme genommen haben, war sehr bewegend und innig.

GEGENWÄRTIGE: Ich will mich dennoch lieber auf das JETZT konzentrieren. Gedanken an die Vergangenheit behindern uns beim Wahrnehmen der Gegenwart.

FRITZE: Das erinnert mich an eine Geschichte aus dem Zen. Sie handelt von zwei Mönchen.

GEGENWÄRTIGE: Erzählen, erzählen!

FRITZE: Die beiden Mönche Tanzan und Ekido wandern eine schmutzige Straße entlang. Es regnet heftig. An einer Wegbiegung sehen sie ein hübsches Mädchen in einem Seidenkimono, das nicht über die Kreuzung kommt. »Komm her, Mädchen«, sagt Tanzan. Er nimmt sie auf die Arme und trägt sie über den Morast der Straße.

Ekido spricht kein Wort, bis sie des Nachts einen Tempel erreichen. Da kann er nicht länger an sich halten. »Wir Mönche dürfen Frauen nicht in die Nähe kommen«, sagt er zu Tanzan, »vor allem nicht den jungen und hübschen. Warum tatest du das?« – »Ich habe das Mädchen dort stehen gelassen«, antwortete Tanzan, »trägst du sie noch immer?«

AUF DEN PUNKT

Wegweiser aus der Grübelfalle:

Unser Gehirn entscheidet nicht, ob wir etwas tatsächlich erleben oder in unserer Vorstellung. Mit jedem Gedanken an ein unangenehmes Erlebnis, durchlebt unser Gehirn es also noch einmal. Unsere Gedanken können auf diese Weise unseren Schmerz verlängern! Ebenso wie der Mönch, der an seiner Entrüstung lange schwer trug, in dem er denselben Gedanken immer wieder dachte, schleppen die meisten Menschen einen Berg unnötigen mentalen und emotionalen Ballast durch ihr Leben. Sie können diesen Ballast abschütteln. Statt Situationen und Ereignisse im Geist lebendig zu erhalten, können Sie Ihre Aufmerksamkeit auf den gegenwärtigen Augenblick richten. Dabei helfen diese Fragen:

- Wo bin ich im Moment?
- Wie spät ist es?
- Wer ist noch da?
- Was höre, sehe, rieche ich in diesem Moment?
- Woran erkenne ich, dass ich im Hier und Jetzt bin?

Sie haben wie immer die Wahl. Entweder Sie klammern sich an die Vergangenheit und durchleiden sie immer und immer wieder. Oder Sie lassen die quälenden Gedanken an die Vergangenheit los, konzentrieren sich auf den gegenwärtigen Moment und nehmen seine schöne Seiten wahr. Wie entscheiden Sie sich?

Noch eine Stimme:

Lerne aus der Vergangenheit, lebe im Jetzt und träume von einer guten Zukunft.

SÖREN KIERKEGRAAD

ENTSCHEIDEN FÜR UNSCHLÜSSIGE:

Wie Sie zu einem Ergebnis kommen

◉

Dienstagnachmittag, 20:48 Uhr, im Wohnzimmer: Sie haben ein Jobangebot. Nehmen Sie es an? Ihre Gedanken drehen sich im Kreis. Immer wieder spielen Sie Für und Wider durch …

Da melden sich Ihre inneren Stimmen zu Wort:

Wow, wir haben den Job! Dabei wollten wir nur checken, ob wir überhaupt eine Chance haben.

Jawoll: Lass uns gleich zusagen und die Kündigung schreiben.

Wir wollen doch nichts überstürzen.

Wir überlegen seit einem Jahr, ob wir uns einen neuen Job suchen. Nun haben wir einen und den nehmen wir auch.

In unserer Firma läuft's aber auch wieder besser. Vielleicht leiten wir sogar das neue Projekt.

Beim neuen Job haben wir Personalverantwortung. Da leiten wir Menschen!

Wir könnten uns noch woanders bewerben. Nur weil die zusagen, müssen wir die Stelle nicht annehmen.

Es ist unser Traumjob! Den lassen wir uns doch nicht durch die Lappen gehen!

Du machst dir die Entscheidung sehr leicht.

Kunststück, ich bin ja auch **die Entscheidungsfreudige**. Und du bist wahrscheinlich **die Unentschlossene**.

Blitzmerker. Wir müssen uns diese Entscheidung gründlich überlegen, denn sie hat einige Konsequenzen.

Zum Beispiel verdienen wir mehr Geld!

Und haben weniger Urlaub! Am schlimmsten: Wir müssen in eine andere Stadt ziehen.

Wir ziehen ja nicht in die Pampa! Wir bleiben in Deutschland.

Du weißt genau, dass unser Partner gar nicht begeistert davon wäre, hier wegzuziehen. Das bedeutet außerdem erst mal eine Wochenendbeziehung zu führen.

Ist ja nicht für ewig. Er hat gute Chancen, in der neuen Stadt einen Job zu finden.

Aber er will gar keinen neuen Job.

Aber wir! Und er hat neulich erst betont, wie wichtig es ihm ihm ist, dass wir wieder Spaß an unserer Arbeit haben. Das belastet ja auch die Beziehung. Er würde nicht über den Umzug jubeln, aber er wäre dazu bereit. Das hat er gesagt.

Ich bin mir nicht sicher, ob die Entscheidung wirklich richtig ist.

Du willst also, dass wir sicher sind, eine richtige Entscheidung zu treffen?

Ah, du bist's, **Fritze**! Klar sollen wir sicher sein. Da hängt ja viel dran.

FRITZE: Das fatale an Entscheidungen ist, dass wir nie zu 100 Prozent wissen, ob sie richtig sind.

UNENTSCHLOSSENE: Eben! Wir haben noch nie so viele Mitarbeiter geführt. Was, wenn wir als Führungskraft versagen?

FRITZE: Sterben wir dann?

UNENTSCHLOSSENE: Was für eine blöde Frage.

FRITZE: So blöd ist die Frage nicht. Sie zeigt uns, dass wir es überleben, wenn wir versagen und dass es immer irgendwie weiter geht. Egal welche Entscheidung wir treffen.

ENTSCHEIDUNGSFREUDIGE: Entpuppt sich unsere Entscheidung als falsch, finden wir eben wieder einen anderen Job.

UNENTSCHLOSSENE: Aber wir sollten diese Entscheidung gründlich durchdenken. Damit wir uns später keine Vorwürfe machen können.

FRITZE: Das stimmt. Denn diese Entscheidung wird unser Leben maßgeblich beeinflussen.

ENTSCHEIDUNGSFREUDIGE: Können wir uns auf einen Termin einigen, bis wann die Entscheidung getroffen ist?

FRITZE: Am besten teilen wir der neuen Firma gleich mit, wie lange wir noch Bedenkzeit brauchen. Drei Tage?

ENTSCHEIDUNGSFREUDIGE: Okay. Und wie gehen wir jetzt vor?

FRITZE: Mit BUGI.

ENTSCHEIDUNGSFREUDIGE: Boogie Woogie?

FRITZE: Nicht ganz. Die BUGI-Methode hilft uns herauszufinden, welche Entscheidung richtig für uns ist. Dazu zeichnen wir eine Tabelle mit drei Spalten. Die erste Spalte ist überschrieben mit U wie »ungünstig«, die zweite mit G wie »günstig« und die dritte mit I wie »Information fehlt«.

ENTSCHEIDUNGSFREUDIGE: Deinem BUGI fehlt das B!

FRITZE: Dazu kommen wir später. Fangen wir mit der U-Spalte an. Welche ungünstigen Konsequenzen hätte es, wenn wir den neuen Job annehmen?

UNENTSCHLOSSENE: Wir müssten wegziehen.

FRITZE: Okay! Aufschreiben und nächster Punkt.

UNENTSCHLOSSENE: Wir hätten mindestens ein halbes Jahr lang eine Wochenendbeziehung. Unser Partner müsste sich einen neuen Job suchen. Wir würden unsere Freunde hier seltener sehen. Wir müssten unser Englisch ordentlich verbessern. Wir hätten weniger Urlaub.

FRITZE: War's das?

UNENTSCHLOSSENE: Mehr fällt mir im Moment nicht ein.

FRITZE: Du kannst jeder Zeit noch etwas ergänzen. Nun die günstigen Konsequenzen.

UNENTSCHLOSSENE: Wir müssten nicht mehr mit unserem schwierigen Chef in dieser angespannten Arbeitsatmosphäre arbeiten, wir würden mehr verdienen, wir könnten uns selbst verwirklichen, hätten bessere Aufstiegs- und Karrierechancen, interessante Aufgaben und neue Herausforderungen. Aber, ob wir denen gewachsen sind?

FRITZE: Moment, nächste Spalte: I wie »Information fehlt«. Hier tragen wir ein, welche Auswirkungen unserer Entscheidung wir noch nicht abschätzen können, weil uns Informationen fehlen. Also: Wir wissen nicht sicher, ob wir den neuen Aufgaben gewachsen sein werden.

UNENTSCHLOSSENE: Und ob wir in der neuen Stadt auch neue gute Freunde gewinnen, eine schöne Wohnung finden und uns wohl fühlen. Und ob unser Partner dort einen guten Job findet.

FRITZE: Und nun kommen wir zu unserem B, wie »Bewertung«. Schauen wir uns die günstigen und ungünstigen Konsequenzen an und bewerten sie jeweils einzeln mit

Punkten von eins bis sechs. Sechs heißt, wir bewerten es sehr positiv und eins heißt wir bewerten es sehr negativ. Dann zählen wir die Punkte in der G- und U-Spalte jeweils zusammen und ziehen die Punkte der U-Spalte von den Punkten der G-Spalte ab.

UNENTSCHLOSSENE: Neun!

FRITZE: Dann spricht wohl mehr für den neuen Job.

ENTSCHEIDUNGSFREUDIGE: Meine Rede! Wozu der Aufwand?

UNENTSCHLOSSENE: Aber was ist mit den Punkten in der I-Spalte?

FRITZE: Wir klären so viele offene Punkte wie möglich und ergänzen damit die G- und U-Spalten. Einige Informationen werden offen bleiben. Zum Beispiel, ob wir den neuen Herausforderungen gewachsen sein werden.

UNENTSCHLOSSENE: Also ist die Entscheidung trotz der 9 Punkte noch nicht endgültig?

FRITZE: Sie zeigt eine deutliche Tendenz. Doch dieser Entscheidungsprozess war sehr rational. Wir sollten auch noch einen emotionalen Prozess durchlaufen.

UNENTSCHLOSSENE: Wie das?

FRITZE: Nehmen wir an, wir sagen den neuen Job zu. Spielen wir dieses Szenario möglichst konkret und anschaulich in unserer Vorstellung durch. Dabei nehmen wir sehr achtsam unsere Körperreaktionen und Gefühle wahr. Was spüren wir im Körper? Wo wird es vielleicht etwas enger oder etwas weiter? Atmen wir tiefer, oder eher flacher? Wie reagieren unsere Muskeln?

UNENTSCHLOSSENE: Es kribbelt im Bauch. Und unsere Füße werden zappelig. Etwas in unserem Brustraum ist enger, wir haben das Bedürfnis tief einzuatmen.

FRITZE: Welche Gefühle kommen mit diesen Körperempfindungen auf?

UNENTSCHLOSSENE: Eine leicht angespannte, aber durchaus positive Aufregung, so ein

Gefühl von »lass uns los gehen« und gleichzeitig auch eine Unsicherheit.

FRITZE: Insgesamt eher angenehmes oder unangenehmes?

UNENTSCHLOSSENE: Eigentlich eher angenehm.

FRITZE: Jetzt das andere Szenario: Wir bleiben im alten Job. Welche Körperreaktionen treten auf?

UNENTSCHLOSSENE: Wir fühlen uns schwer und träge. Als hingen Gewichte an uns. Kloß im Hals und Wackerstein im Bauch.

FRITZE: Welche Gefühle treten mit diesen Körperempfindungen auf?

UNENTSCHLOSSENE: Frust. Und auch Wut. Ich fühle mich eingeengt. Insgesamt unangenehm.

FRITZE: Nun haben wir einen rationalen und einen emotionalen Entscheidungsprozess durchgespielt.

ENTSCHEIDUNGSFREUDIGE: Die Entscheidung ist ja wohl offensichtlich.

UNENTSCHLOSSENE: Ok, sprechen wir mit unserem Partner! Vielleicht hat der ja auch noch ein paar Punkte zu ergänzen.

FRITZE: Und dann treffen wir gemeinsam eine Entscheidung und spüren mal nach, wie sich diese Entscheidung anfühlt, wenn wir ein paar Mal darüber geschlafen haben.

ENTSCHEIDUNGSFREUDIGE: Aber denk daran! Wir haben einen Termin vereinbart. Bis dahin entscheiden wir uns. Und danach wird auch nichts mehr umentschieden. Dann stehen wir zu unserer Entscheidung und werden aktiv.

UNENTSCHLOSSENE: Okay, abgemacht.

FRITZE: Na, das klang doch entschlossen.

AUF DEN PUNKT

Wegweiser aus der Grübelfalle:

Wir tun immer, was uns nach aktuellem Kenntnisstand am sinnvollsten erscheint. Daher können wir keine falsche Entscheidung treffen – vorausgesetzt, wir durchdenken sie gründlich. Erst auf Grund neuer Informationen, kann sich eine Entscheidung im Nachhinein als falsch erweisen. Das sollten wir uns aber nicht vorwerfen, da wir diese Informationen zum Zeitpunkt der Entscheidung ja noch nicht kannten. Manchmal fällt uns eine Entscheidung schwer, weil wir mögliche Konsequenzen fürchten. Wir scheuen die Verantwortung und wollen Fehler vermeiden. Wir fürchten zu versagen und von anderen kritisiert und abgelehnt zu werden.

Doch auch keine Entscheidung zu treffen, ist eine Entscheidung und hat Konsequenzen. Zum Beispiel, dass andere Personen die Entscheidung für uns treffen. So sind wir für eine falsche Entscheidung zwar nicht verantwortlich, müssen aber trotzdem mit den Konsequenzen leben. Als Opfer.

Wenn Ihnen eine Entscheidung schwer fällt, stellen Sie sich Ihren Ängsten:

- Wäre es wirklich eine Katastrophe, wenn sich meine Entscheidung als falsch herausstellen würde?

- Welche Konsequenzen hätte es tatsächlich?
- Wie würde Ihr Leben aussehen, wenn sich herausstellen würde, dass Sie sich falsch entschieden haben?
- Wie könnte es weitergehen?
- Welche Konsequenzen hätte es, wenn Sie sich nicht entscheiden?

Machen Sie sich bewusst, dass sich die meisten Fehler korrigieren lassen. Sie können eine neue Entscheidung treffen und eine neue Richtung einschlagen. Fehler sind wichtige Lernerfahrungen.

Haben wir einmal einen Weg eingeschlagen, blenden wir unliebsame neue Informationen manchmal aus. Im extremen Fall halten wir krampfhaft an einem Weg fest, obwohl es besser wäre, einen neuen Weg einzuschlagen. Bleiben Sie stets achtsam und offen für die Folgen Ihrer Entscheidung. Sich rechtzeitig von Entscheidungen zu lösen, ist genauso wichtig, wie Entscheidungen zu treffen – was nicht heißt, dass Sie bei erstbester Gelegenheit das Handtuch werfen sollen. Wenn Sie aber den Sinn ihrer Entscheidung nicht mehr erkennen, können Sie sich von ihr lösen und eine Neue zu treffen.

Auch unsere Wahrnehmung beeinflusst unsere Entscheidungen. Wir sehen die Welt nur durch unsere Augen und erkennen manches nicht, was andere sehen. Fragen Sie nach der Sichtweise Ihrer Mitmenschen, um eine ausgewogene Entscheidung treffen zu können.

Schreiben Sie die Gründe für wichtige Entscheidungen am besten auf. Dabei ist die BUGI-Methode sehr nützlich.

Entscheidungen treffen mit der BUGI-Methode:

U(ngünstige Konsequenzen)		**G**(ünstige Konsequenzen)		**I**(nformation fehlt)
	Bewertung		*Bewertung*	
	Bewertung		*Bewertung*	

Listen Sie in der ersten Spalte denkbare ungünstige Konsequenzen Ihrer Entscheidung auf und in der zweiten denkbare günstige Konsequenzen. In die dritte Spalte tragen Sie ein, welche Informationen Ihnen fehlen. Bewerten Sie die günstigen und ungünstigen Konsequenzen jeweils mit Punkten von eins bis sechs. Sechs heißt, Sie bewerten es sehr positiv und eins heißt Sie bewerten es sehr negativ. Zählen Sie anschließend jeweils die Punkte der G- und der U-Spalte zusammen und ziehen Sie die Punkte der U-Spalte von den Punkten der G-Spalte ab. Ist die Zahl positiv, spricht mehr für die Entscheidung, ist die Zahl negativ, spricht mehr dagegen.

Überlegen Sie dann, welche Risiken und welche Potenziale sich hinter den fehlenden Informationen in der Spalte »I« verbergen. Welche fehlenden Informationen können Sie sich beschaffen?
Sind Sie zu einem Ergebnis gekommen, spielen Sie die entsprechende Entscheidung in Ihrer Vorstellung so konkret wie möglich durch. Achten Sie dabei auf Ihre Körperreaktionen und Empfindungen. Wie fühlt sich diese Entscheidung an? Notieren Sie Ihre Gefühle. Stellen Sie sich

dann die andere Entscheidung so konkret wie möglich vor. Achten Sie wieder auf Körperreaktionen und Empfindungen. Wie fühlt sich diese Entscheidung an? Treffen Sie dann eine Entscheidung und schlafen Sie mindestens eine Nacht darüber. Wie fühlt sich die Entscheidung am nächsten Tag an? Gibt es noch Punkte in der BUGI-Tabelle zu ergänzen? Bestehen noch Unsicherheiten, spielen Sie schriftlich den Worst-Case durch. Was wäre das Schlimmste, was Ihnen durch die Entscheidung passieren könnte. Und welche Lösungen gibt es dann?

Ist der Entschluss gefasst, handeln Sie innerhalb der nächsten drei Tage. Beginnen Sie mit dem ersten kleinen Schritt.

Und denken Sie daran: Auch große Entscheidungen – zum Beispiel eine berufliche Laufbahn oder ein Umzug – treffen Sie nicht für die Ewigkeit. Auch wenn es sich so anfühlt. In Ihrem Leben wird es immer wieder neue Möglichkeiten, neue Sichtweisen und neue Prioritäten geben, die wiederum zu neuen Entscheidungen führen.

Natürlich fehlt uns machmal die Zeit, lange über Entscheidungen nachzudenken. Unter Zeitdruck sollten wir uns auf unser Bauchgefühl verlassen. Auch eine gute Intuition ist eine Basis für gute Entscheidungen. Leben heißt, immer wieder kleine und große Entscheidungen zu treffen. Wie auch immer Sie sich entscheiden: Sie werden das Beste daraus machen.

Noch eine Stimme:

> *Es sind nicht unsere Fähigkeiten, die bestimmen, was wir sind. Es sind unsere Entscheidungen.*
>
> ALBUS DUMBLEDORE (IN JOANNE K. ROWLINGS »HARRY POTTER«)

BRÜLLEN FÜR LÄMMER:

Wie Sie beißen, ohne zu verletzen

◉

Freitagnachmittag, 16:02 Uhr, im Büro: Sie sind wütend auf Ihre Kollegen, weil die Sie unfair behandeln. Um des lieben Friedens Willen bleiben Sie stumm. Doch in Ihnen brodelt es …

Da melden sich Ihre inneren Stimmen zu Wort:

Das ist unfair! Warum lassen uns die Kollegen hängen? Jetzt sieht es so aus, als hätten wir alleine das Projekt vergeigt. Na wartet, die kriegen jetzt was zu hören!

Pssst! Rumbrüllen bringt nichts. Die Stimmung ist sowieso schon angespannt.

Eben! Wir werden zu Unrecht beschuldigt. Das lassen wir uns nicht gefallen!

Beruhige Dich. Wir ziehen uns zurück und sind still. Gleich weinen wir sowieso.

Heulen hilft hier überhaupt nicht weiter.

Doch. So wirken wir hilflos und eingeschüchtert. Dann beschuldigen uns die Kollegen nicht mehr. Wirst schon sehen.

Was ist mit unserem Stolz?

Runterschlucken. Sonst eskaliert die Situation.

Ich will brüllen!

Du bist wohl **der Löwe**.

Allerdings! Und du bist wohl **das Opossum**. Sich tot stellen, um zu überleben. Wie feige!

Ich nenne es friedliebend! Auf Tote schlägt niemand ein.

Wir sind aber nicht tot!

Gerade sind wir sogar zu lebendig, um einen klaren Gedanken zu fassen.

Wer bist du denn jetzt?

Na, ich bin's, **die Fritze.**

LÖWE: Hilf mir, bitte! Wir müssen für unser Recht kämpfen.

FRITZE: Ich schätze es, lieber Löwe, dass du uns verteidigen möchtest.

OPOSSUM: Aber doch nicht durch brüllen!

FRITZE: Sag mal, liebes Opossum, warum fürchtest du dich so vorm Brüllen?

Opossum: Weil wir uns dadurch sicher Feinde machen.

FRITZE: Und das möchtest du vermeiden?

Opossum: Lieber still sein, den Ärger runterschlucken und tot stellen. Dann hören die anderen von alleine auf, uns fertig zu machen.

FRITZE: Du willst vermeiden, dass wir sozialen Flurschaden anrichten. Dafür danke ich dir.

OPOSSUM: Denk nur an unseren Onkel, der kann seinen Löwen nicht bändigen. Ständig rastet er aus und richtet verdammt viel Schaden an.

FRITZE: Und was macht dich so sicher, dass unser Löwe genau so ist, wie unser Onkel?

OPOSSUM: Weiß ich nicht.

LÖWE: Vorschlag: Wir rasten nicht unkontrolliert aus, sagen den anderen aber dennoch deutlich, dass wir uns das nicht gefallen lassen.

FRITZE: Guter Plan?

OPOSSUM: Naja, wir fühlen uns in der Starre ja auch nicht besonders wohl. Und beim Tränen bekämpfen noch hilfloser. Aber sie lassen uns dann in Ruhe.

FRITZE: Wenn uns der Löwe aber verspricht, dass wir unsere Wut kontrolliert ausdrücken?

OPOSSUM: Wie ein kleiner Löwe, den wir bändigen können? Dann wäre es gut.

LÖWE: Na, endlich!

…

OPOSSUM: Wow, schauen die irritiert aus der Wäsche. Haben wohl nicht damit gerechnet, dass wir uns wehren und die Dinge gerade rücken.

FRITZE: Gut gebrüllt, kleiner Löwe.

AUF DEN PUNKT

Wegweiser aus der Grübelfalle:

Schon als Kind lernen wir, unsere Löwen – also unsere Wut – zu unterdrücken. »Spiel nicht das Rumpelstilzchen!«, »In welchem Ton redest du mit mir?«, »Schrei mich nicht an!« lauten typische Anweisungen. Erst lernen wir, die Wut runterzuschlucken. Später, wie wir in einem Konfliktgespräch konstruktive Kritik äußern. Doch konstruktive Kritik würgt unsere Emotionen ab. Wer vor Wut kocht, will nicht: »Ich bin enttäuscht« säuseln. Emotionen zeigen unserem Gegenüber, wie wichtig uns das Gesagte ist. Wut rüttelt auf. Wer seine Wut – oder andere Gefühle – immerzu nicht aus- sondern unterdrückt, lebt auf Dauer nicht gesund. Wut ist Energie und die können wir nutzen. Zum Beispiel, um …

… neu anzufangen

… Dinge zu verändern

… uns zu motivieren

… neue Ideen zu entwickeln

Zeigen Sie Ihre Wut. Setzen Sie Grenzen, statt sich alles gefallen zu lassen. Drücken Sie Ihren Ärger klar und deutlich aus und begründen Sie ihn.

Noch eine Stimme:
> *Ärger ist die Unfähigkeit, Wut in Aktion umzusetzen.*
> WOLFGANG HERBST

Endlich frei!

Es ist viel los in unserem Kopf. Oft stehen wir innerlich vor einer Kreuzung, an der sich verschiedene Denk- und Handlungsrichtungen auftun. Gefangen in unseren Denk- und Verhaltensmustern tappen wir in die Grübelfalle und vergessen, dass wir die Wahl haben, welchen Weg wir einschlagen. Oder wir fühlen uns zu keiner Entscheidung im Stande. Eine Stimme ruft: »Hier lang!«, die andere: »Da lang!« Im schlimmsten Fall bleiben wir mitten auf der Kreuzung stehen und gleichen dem Esel, der verhungert, weil er sich nicht entscheiden kann, welchen der beiden Heuhaufen direkt vor seiner Nase er fressen soll. Mit diesem Buch habe ich Sie eingeladen, ihre verschiedenen inneren Stimme zu entdecken, zu hören, zu verstehen, sie anzunehmen und zu würdigen. In den Dialogen haben Sie erfahren, wie Ihre Stimmen Ihre Gefühle beeinflussen. Ihre Gedanken und Gefühle beeinflussen Ihren Körper, Ihr Empfinden und Ihre Wahrnehmung. Und Ihre Wahrnehmung beeinflusst wiederum Ihre Gedanken bzw. Stimmen im Kopf. Es ist ein ewiger Kreislauf. Durch bewusst geführte innere Dialoge können Sie diesen Kreis der Wechselwirkungen steuern und der Grübelfalle entkommen. So gestalten Sie Ihre Persönlichkeit und Ihr Leben nach Ihren Vorstellungen.

Wenn Sie nicht das Leben leben, das Sie leben wollen: Ändern Sie es. Beginnen Sie jetzt mit dem ersten kleinen Schritt.

Wenn Sie nicht so sind, wie Sie sein wollen: Ändern Sie sich. Beginnen Sie jetzt mit dem ersten kleinen Schritt.

Sie meinen: »Leichter gesagt, als getan?« Wer in Ihnen sagt das? Horchen Sie intensiv in Ihre Innenwelt und entdecken Sie die verschiedenen Persönlichkeitsteile. Welcher Teil in

Ihnen möchte Sie daran hindern, etwas zu ändern? Erfragen Sie seine gute Absicht: Wovor beschützt Sie dieser Teil? Was möchte er für Sie erreichen? Welchen Konsens können Sie mit diesem Teil finden? Entdecken Sie andere Teile in sich, die Sie bei Veränderungen unterstützen. Geben Sie ihnen Raum, damit Sie sich entfalten können.

Pflegen Sie eine liebevolle und wohlwollende Beziehung zu sich und Ihren inneren Teilen. Schließlich verbringen Sie Ihr ganzes Leben mit sich.

Wollen Sie intensiv mit Ihren Anteilen arbeiten, fertigen Sie am besten eine Liste mit all Ihren Persönlichkeitsanteilen an. Geben Sie ihnen Namen. Notieren Sie hinter den Namen die Eigenschaften des Teils und wie diese auf Sie wirken. Listen Sie auch seine positiven Absichten auf.

Beispiel:

Meine Anteile	Eigenschaften und Auswirkungen	Positive Absicht. Was will er für mich erreichen? Wovor beschützt er mich?
Der Jammerer	○ *Jammert immer rum* ○ *Bemitleidet mich* ○ *Raubt mir Energie* ○ *Demotiviert mich*	○ *Möchte, dass ich zur Ruhe komme* ○ *Beschützt mich vor zu viel Action* ○ *Stellt sicher, dass ich Zuspruch und Zuneigung erfahre*
Charlie	○ *Ist albern und komisch* ○ *Bringt mich und andere zum Lachen*	○ *Will, dass ich Spaß habe* ○ *Hilft mir, die Dinge mit Humor zu nehmen* ○ *Schützt mich vor Frust*

Eine Veränderung gelingt Ihnen am besten, wenn Sie die Unterstützung all Ihrer inneren Persönlichkeitsteile haben und keiner eine innere Sabotage anführt. Deswegen ist die Arbeit mit Ihren inneren Anteilen so wichtig.

Eine weitere Voraussetzung für erfolgreiche Veränderungen ist der Mut zur Entscheidung: Jetzt mach ich es anders!

Anders denken und anders handeln gelingt, wenn Sie offen sind für Unbekanntes und Ungewohntes. Wenn Sie bereit sind, Risiken einzugehen. Veränderungen gehen immer einher mit Aufregung und Unsicherheiten, zuweilen auch mit Verwirrung und Chaos. Sie können Veränderungen leichter angehen, indem Sie sich auf diese drei Phasen des Veränderungsprozesses einstellen.

- Aufregung, Angst
- Unsicherheit, Verwirrung, ggf. Orientierungslosigkeit und Chaos
- Integration, das Neue fügt sich in das Bisherige ein

Leben bedeutet verändern, sortieren, hinzufügen und loslassen. Dank Ihrer verschiedenen inneren Persönlichkeitsteile können Sie entscheiden, wie Sie auf die unterschiedlichen Situationen und Herausforderungen in Ihrem Leben reagieren. Sie haben die Wahl: Auf welche Stimme hören Sie? Welche Stimme hilft Ihnen weiter? Welche Stimme tut Ihnen gut? Befreien Sie sich aus der Grübelfalle. Wenn Sie wollen, jetzt sofort.

Danksagung

Ich danke den Menschen, die mich inspirieren, bei denen ich viel gelernt habe und immer noch lerne: Virginia Satir, Tom Andreas, Dr. Gunther Schmidt, Friedemann Schulz von Thun, Richard Schwartz, Dennis Genpo Merzel Roshi.

Und ich danke meinen Eltern, meinen beiden Schwestern und nicht zuletzt meinem Mann, die mich alle in meinem Leben fordern und liebevoll unterstützen.

Vielen Dank auch an Oliver Gorus, Dr. Harald Kämmerer und Isabella Kortz, die an meine Buchidee glaubten, an David Mayer für die fabelhafte Zusammenarbeit und an Christian und Fabian Jeremies, die den verschiedenen Stimmen so wunderbare Gesichter geschenkt haben.

Und nicht zuletzt danke ich meinen vielen Kunden, Seminarteilnehmern und Podcasthörern, die mich in meiner Idee bestätigten und immer wieder fragten, wann das Buch denn endlich erscheint. Das war Motivation pur!

Impressum

© 2011 by Südwest Verlag,
einem Unternehmen der
Verlagsgruppe Random House GmbH,
81637 München

Nachdruck – auch auszugsweise – nur mit Genehmigung des Verlages.

Hinweis
Die Ratschläge in diesem Buch sind von Autorin und Verlag sorgfältig erwogen und geprüft, dennoch kann keine Garantie übernommen werden. Eine Haftung der Autorin bzw. des Verlages und seiner Beauftragten für Personen-, Sach- und Vermögensschäden ist ausgeschlossen.

Projektleitung: Isabella Kortz
Redaktion: David Mayer
Korrektorat: Elke Molkow, www.textagentur-elke-molkow.de/
Gestaltung & Satz: atelier luk, Tilman Leher
Illustrationen: Fabian und Christian Jeremies GbR, Münster
Umschlaggestaltung- und Konzeption: R.M.E. Eschlbeck / Kreuzer / Botzenhardt
unter Verwendung einer Illustration von Ruth Botzenhardt
Bildredaktion: Annette Mayer
Herstellung: Reinhard Soll

Druck und Bindung: Alcione, Trento
Printed in Printed in Italy

ISBN: 978-3-517-08661-3
9817 2635 4453 6271

Verlagsgruppe Random House FSC-DEU 0100
Das FSC ((R im Kreis hochgestellt))-zertifizierte Papier
Pofimatt ((kursiv)) für dieses Buch liefert Sappi, Ehingen